Números de teléfono

Nombre y teléfono de la escuela: _____

Nombre y teléfono de la maestra: _____

Nombre y teléfono del consejero de la escuela: _____

Nombre y teléfono de la escuela: _____

Nombre y teléfono de la maestra: _____

Nombre y teléfono del consejero de la escuela: _____

Nombre y teléfono del entrenador: _____

Nombre y teléfono del entrenador: _____

Clubes o grupos:

Nombre: _____   Teléfono: _____

Nombre: _____   Teléfono: _____

Nombre: _____   Teléfono: _____

Nombre: _____   Teléfono: _____

Amigos:

Nombre: _____   Teléfono: _____

Nombre: _____   Teléfono: _____

Nombre: _____   Teléfono: _____

Nombre: _____   Teléfono: _____

Otros números de teléfono:

Nombre: _____   Teléfono: _____

Nombre: _____   Teléfono: _____

Nombre: _____   Teléfono: _____

Nombre: _____   Teléfono: _____

Qué Hacer Para Los Niños Con Sobrepeso

Fácil de leer • Fácil de usar

Gloria Mayer
Michael Villaire

Institute for Healthcare Advancement
501 S. Idaho St., Suite 300
La Habra, California 90631
(800) 434-4633

Institute for Healthcare Advancement
501 S. Idaho Street, Suite 300
La Habra, California 90631

Impreso en los Estados Unidos de América
13 12 11 10   5 4 3 2 1
ISBN: 978-0-9720148-5-4

A nuestros lectores

Este libro está destinado a los padres de niños con sobrepeso. Los niños con sobrepeso son más propensos a tener problemas de salud cuando sean adultos. Nunca es demasiado tarde para hacer cambios en la vida. Esperamos que este libro les ayude a ti y a tu familia a tomar decisiones saludables sobre el estilo de vida.

Lee este libro solo o con tu familia. Te dirá cómo puedes llevar una vida saludable. Un estilo de vida saludable es para toda tu familia. Trabajen juntos en las cosas que dice este libro.

Hacer ejercicio, comer alimentos adecuados, comer la cantidad adecuada, tomar mucha agua y contar con el apoyo familiar son cosas importantes para una familia saludable. Este libro te dirá cómo puedes hacer estas cosas para estar saludable.

Si tu hijo tiene sobrepeso, debes hablar con un médico o una enfermera. Ellos te ayudarán. Te dirán cuánto debería comer tu hijo cada día. Te dirán qué alimentos debería comer. Te dirán si está bien que tu hijo haga ejercicio. Muéstrales este libro. Llévalo contigo a las visitas del médico de tu hijo. Anota tus preguntas. Anota lo que el médico o la enfermera te digan que hagas.

Hoy en día, puede ser difícil tomar decisiones saludables. Podemos tener una vida muy ajetreada. Este libro les ayudará. Si trabajan juntos en familia, será más fácil.

Los médicos y las enfermeras han leído este libro. Están de acuerdo con que lo que dice es seguro y que puede ser útil para ti y para tu hijo con sobrepeso. Pero cada niño es diferente. Escucha lo que el médico o la enfermera de tu hijo te digan que hagas.

Recuerda, todos los niños tienen sentimientos. Necesitan que tú les enseñes a ser saludables. Esto significa que todos los integrantes de la familia deben comer de forma saludable y hacer ejercicio. No sólo el niño con sobrepeso. El amor y el apoyo son muy importantes.

Contenido del libro

Contenido del libro

Contenido del libro

Los niños con sobrepeso

Apuntes

_____

_____

_____

_____

_____

_____

_____

_____

_____

_____

_____

_____

_____

_____

¿Quién es un niño con sobrepeso?

¿De qué se trata?

Un niño que tiene sobrepeso pesa más de lo que debería según su edad, estatura y peso. Además, los niños y las niñas tienen pesos distintos. Un niño con sobrepeso tiene más grasa corporal de la que un niño necesita. Algunas personas usan otras palabras para hablar sobre un niño con sobrepeso. Tu médico puede decirte que tu hijo tiene "exceso de peso" o que es "obeso". En este libro utilizaremos la palabra "sobrepeso" para hablar de los niños que pesan más de lo que deberían.

¿Lo sabías?

- Hay muchos niños con sobrepeso en los Estados Unidos. Si miras a 20 niños al azar de los Estados Unidos, 3 ó 4 tendrán sobrepeso.

- Los niños con sobrepeso tienen más probabilidades de tener sobrepeso cuando sean adultos.

- Los adultos con sobrepeso son más propensos a enfermarse y tener mala salud. Ayudar a tu hijo ahora ayudará a que tu hijo sea un adulto saludable.

- Los médicos y las enfermeras no siempre te dicen si tu hijo tiene sobrepeso. Debes preguntarles si tu hijo tiene sobrepeso. Luego pregúntales qué hacer.

- Hay muchas formas de saber si tu hijo tiene sobrepeso. La mejor forma es mirar a tu hijo y ser honesto. Los padres no ayudan a sus hijos diciéndoles que no tienen sobrepeso cuando sí lo tienen.

- Mira a tu hijo. Sé honesto. ¿Te parece que tu hijo tiene sobrepeso? Mira estas imágenes. ¿Se parece tu hijo a estos niños?

Busca estas características:

- Cara redonda
- Grasa alrededor de la cintura y la panza
- Pliegues en la piel alrededor de las muñecas y de los codos

- Usa el cuadro de crecimiento para saber si tu hijo tiene un peso saludable. (Consulta el "Cuadro de estatura y peso" de la página 7.)

- Hay otras formas de saber si tu hijo tiene sobrepeso. Puedes advertir algunas de estas cosas:
  - A tu hijo le cuesta seguirle el ritmo a otros niños de la misma edad.

¿Quién es un niño con sobrepeso?

- Se queda sin aire cuando corre y juega.
- Le gusta quedarse sentado adentro en lugar de jugar afuera.
- Es posible que tenga la piel de color oscuro alrededor del cuello.
- Es tímido y retraído cerca de otros niños.
- Usa ropa 2 tallas más grandes que los de su edad.

- Pregúntate: ¿Tiene mi hijo sobrepeso? Si la respuesta es "sí", deberás aprender a ayudar a tu hijo. En este libro encontrarás lo que debes hacer y lo que no debes hacer.

- Los médicos y las enfermeras tienen varias maneras de saber si un niño tiene sobrepeso. Usan un Cuadro de IMC. IMC significa índice de masa corporal. El IMC es para niños mayores de 2 años. El IMC se basa en números y puede ser difícil de entender. Si tu médico o enfermera te dicen que tu hijo tiene sobrepeso, puedes creerles.

- Si tu hijo tiene sobrepeso, hay muchas cosas que puedes hacer para ayudarlo. En este libro encontrarás maneras saludables de ayudar a tu hijo.

¿Qué puedo hacer?

- Lee este libro para averiguar qué puedes hacer por tu hijo con sobrepeso.

- Lleva una vida activa y saludable. Tus hijos verán lo que haces y harán lo mismo. Debes ser un modelo a imitar para ellos. Esa es la mejor forma de ayudar a tus hijos.

- Busca formas de hacer que tu hijo sea activo.

- Enséñale a comer alimentos saludables.

¿Quién es un niño con sobrepeso?

- Ayuda a tus hijos a que tengan alimentos saludables para comer. No cocines para tu familia comida que no sea saludable.

- No sobrealimentes a tu bebé.

- Realiza las actividades que encontrarás en este libro con tu hijo con sobrepeso.

- Nunca le digas gordo ni uses otras palabras feas. No dejes que nadie se burle de tu hijo con sobrepeso.

- Ten cuidado con la forma en que hablas del peso de tu hijo. Demuéstrale tu apoyo. Habla de las virtudes de tu hijo con sobrepeso.

- Prepara un plan para trabajar en el peso de tu hijo.

- No hables con otras personas acerca del peso de tu hijo cuando tu hijo pueda escucharte.

- Incúlcale la importancia de que haga ejercicio, que tenga amigos y que le vaya bien en la escuela.

- Hazle saber a tu hijo con sobrepeso que lo amas.

- Usa este libro para ayudar a que todos los integrantes de la familia lleven una vida saludable. Esto ayudará a todos los integrantes de la familia para que no tengan sobrepeso.

¿Cuándo debo buscar ayuda?

- La primera vez que creas que tu hijo tiene sobrepeso. Visita a un médico o enfermera.

- Si tu hijo con sobrepeso se enferma. Visita a un médico o una enfermera.

- Si se burlan de tu hijo con sobrepeso en la escuela. Visita a la maestra de tu hijo o a un consejero de la escuela. Habla sobre qué se puede hacer para que dejen de molestar a tu hijo.

- Si no sabes qué puedes hacer por tu hijo con sobrepeso. Visita a tu médico o enfermera y pídeles que te envíen a alguien que pueda ayudarte.

- Pregúntale a tu propio médico cómo puedes ayudar a tu hijo con sobrepeso. Es posible que tu médico conozca a personas que puedan ayudarte a que tú ayudes a toda tu familia a ser saludable.

Cuadro de estatura y peso

¿De qué se trata?

Un cuadro de estatura y peso te muestra cuáles son las medidas normales de estatura y peso para un niño a cada edad.

¿Lo sabías?

- Puedes usar un cuadro de estatura y peso para saber si tu hijo tiene sobrepeso.
- El cuadro te dirá las medidas normales de estatura y peso para tu hijo de acuerdo a la edad.
- Normal significa cuánto deberían pesar los niños para estar saludables.
- Hay un cuadro para niños y otro para niñas. Los niños y las niñas crecen de modo diferente.
- Los niños crecen a estirones. Pueden ser más bajos o más altos de lo que dice el cuadro. Pueden pesar más de lo que dice el cuadro. En los niños, esto puede variar rápidamente. Habla con tu médico o enfermera si las medidas de estatura y peso de tu hijo no coinciden con lo que dice el cuadro.
- Cosas para tener en cuenta al leer un cuadro de estatura y peso:
  - A menudo, los niños engordan justo antes de dar un estirón.

- No todos los niños de la misma edad tienen la misma complexión física. Es normal que algunos niños sean bajos o altos. Algunos niños tienen una complexión física más grande.
  - El cuadro de estatura y peso es tan sólo una forma de ver el peso de tu hijo.
- Tu médico o enfermera tiene un cuadro de crecimiento que también usa el IMC y percentiles.
  - IMC es la sigla de "índice de masa corporal". Es un número que relaciona el peso y la estatura para saber si un niño o niña tiene un peso saludable para su edad.
  - El percentil es un número basado en 100 niños que indica si un niño de la misma edad es más grande o más pequeño.
- Tu médico o enfermera usa cuadros de crecimiento para saber si tu hijo está creciendo normalmente.
- Tu médico o enfermera mantiene un registro del crecimiento de tu hijo. Controlarán el crecimiento de tu hijo durante meses y años.

¿Qué puedo hacer?

- Mide la estatura de tu hijo. Anota la estatura en un calendario o en un cuaderno.
- Para saber cuánto mide tu hijo, sigue estos pasos. Trata de hacerlo en un piso duro, y plano, no alfombra:
  - Quítale los zapatos a tu hijo.
  - Haz que se pare bien derecho con los talones contra la pared.

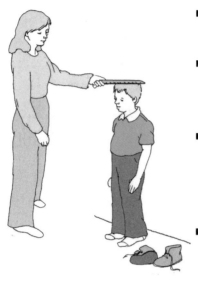

- Coloca la regla sobre la cabeza de tu hijo.

- Haz una marca con lápiz en la pared donde toque la regla. Asegúrate de que esté bien nivelada.

- Mide desde el piso hasta la marca que hiciste. Esa es la estatura de tu hijo. Anótala para recordarla la próxima vez.

- Cuando una enfermera mida a tu hijo, pregúntale cuánto mide y anótalo. También anota la fecha.

- Pesa a tu hijo. Anota el peso en un calendario o en un cuaderno.

- Para saber cuánto pesa tu hijo:

  - Usa una báscula de baño.

  - Para pesarlo correctamente:

    - La báscula debe estar en un piso plano.

    - Tu hijo debe quedarse quieto cuando esté parado en la báscula.

  - Pesa a tu hijo antes del desayuno.

  - Tu hijo debe estar descalzo cuando lo peses.

  - Si no tienes una báscula de baño, usa la de una farmacia o la de la escuela. Es posible que algún amigo tenga una báscula que puedas usar.

Cuadro de estatura y peso

- No peses a tu hijo todos los días. No dejes que tu hijo use la báscula de baño todos los días. Una buena regla es pesar a tu hijo una vez por mes si no tiene sobrepeso. Pesa a tu hijo una vez por semana si tiene sobrepeso.

- No pongas mucha atención a cuánto pesa tu hijo. Saber cuánto pesa tu hijo es sólo una forma de saber si tu hijo tiene sobrepeso.

- Mira un cuadro de crecimiento para ver dónde se encuentra tu hijo en el cuadro.

- Para leer un cuadro, coloca un dedo en la edad de tu hijo. Mueve el dedo por la página hasta encontrar la estatura en pulgadas y el peso normal en libras. Si tu hijo es más alto o más bajo que la estatura que ves aquí, pregúntale a tu médico o enfermera qué número debes usar. **Si tu hijo tiene más de 12 años, debes hablar con tu médico o enfermera.**

Cuadro de estatura y peso para niñas

Edad	Estatura	Pesos
2 años	30 pulgadas	26 a 31 libras
3 años	33 pulgadas	28 a 34 libras
4 años	37 pulgadas	32 a 39 libras
5 años	40 pulgadas	37 a 44 libras
6 años	41 pulgadas	42 a 51 libras
7 años	43 pulgadas	46 a 56 libras
8 años	45 pulgadas	52 a 63 libras

Cuadro de estatura y peso

Edad	Estatura	Pesos
9 años	47 pulgadas	58 a 70 libras
10 años	51 pulgadas	63 a 77 libras
11 años	52 pulgadas	71 a 87 libras
12 años	60 a 63 pulgadas	86 a 116 libras

Cuadro de estatura y peso para niños

Edad	Estatura	Pesos
2 años	31 pulgadas	26 a 31 libras
3 años	33 pulgadas	30 a 36 libras
4 años	37 pulgadas	32 a 39 libras
5 años	40 pulgadas	38 a 46 libras
6 años	42 pulgadas	42 a 51 libras
7 años	44 pulgadas	46 a 56 libras
8 años	45 pulgadas	52 a 63 libras
9 años	49 pulgadas	57 a 68 libras
10 años	51 pulgadas	63 a 77 libras
11 años	52 pulgadas	71 a 84 libras
12 años	58 a 62 pulgadas	77 a 110 libras

- Pregúntate:
    - ¿Tiene mi hijo demasiado sobrepeso?
    - ¿Está mi hijo dando un estirón?

- ¿Está mi hijo comiendo el tipo de alimentos adecuado?
- ¿Está mi hijo haciendo suficiente ejercicio?

¿Debo buscar ayuda para mi hijo?

- ¿Cuándo debo buscar ayuda?
- Visita a un médico o una enfermera si tienes preguntas acerca del cuadro de estatura y peso.
- Cuando necesites ayuda para medir la estatura y el peso de tu hijo.

Los sentimientos de los niños con sobrepeso

¿De qué se trata?

Por lo general, los niños se dan cuenta cuando tienen sobrepeso. Es posible que eso los haga sentir mal. Es posible que no se sientan bien acerca de su aspecto. Esto puede afectar el desempeño escolar y la forma de jugar. Afecta los amigos que tienen, dónde pasan el tiempo y si practican deportes. Tener sobrepeso afecta el cuerpo, la mente y los sentimientos de tu hijo.

¿Lo sabías?

- Muchos niños con sobrepeso se deprimen. Esto quiere decir que están tristes o enojados durante mucho tiempo.

- Nadie sabe si estar triste o enojado hace que un niño tenga sobrepeso. Podría ser. O, tener sobrepeso podría hacer que un niño se sienta triste o enojado.

- Nadie sabe de algo que sea la causa del sobrepeso de un niño.

- Lo mejor es trabajar con tu hijo para ayudarle a tener un peso saludable.

- A veces los niños comen para consolarse. Es posible que un niño de 2 años deje de llorar si le dan una galleta. Es posible que un niño más grande coma cuando se siente mal o triste.

Los sentimientos de los niños con sobrepeso

- Muchos niños con sobrepeso sufren las burlas de otros niños. Esto hiere los sentimientos del niño con sobrepeso. Y puede hacer que tu hijo con sobrepeso se sienta excluido y que no le agrade a los demás. Es posible que a tu hijo con sobrepeso le cueste hacer amigos.

- A muchos niños con sobrepeso les gusta comer lo que quieren. Y es posible que esos alimentos no sean buenos para ellos. Pueden enojarse mucho si sus padres tratan de cambiar esto. Pueden oponerse si sus padres tratan de hacer que coman mejor y hagan ejercicio.

¿Qué puedo hacer?

- Coman el tipo adecuado de alimentos.

- Hagan ejercicio, aunque sea sólo salir a caminar. Trata de hacer que tu hijo camine cuando tú lo haces.

¡Vayamos a caminar al parque!

- No permitas que se burlen de tu hijo en tu hogar. No permitas que se rían de tu hijo con sobrepeso en tu hogar. Tu hogar debe ser un lugar donde todos se sientan queridos y seguros.

- No permitas las burlas. Sé firme pero amable. Puedes decir cosas como éstas:
  - Creo que eso hirió los sentimientos de Guillermito. Por favor no te burles del aspecto de las personas.
  - Cada persona luce diferente. No es cortés hacer bromas sobre el tamaño o la forma de las personas.
  - No te burles de María por su aspecto físico. Vamos a hablar de esto. No está bien burlarse de las personas.
- Trata de hacer que tu hijo con sobrepeso te cuente si se burlan de él. Éste es un ejemplo de una charla entre un niño llamado Beto y su Papá:

Beto: En realidad odio el béisbol. No voy a volver a jugar.

Papá: Creí que te encantaba jugar al béisbol.

Beto: Sí, pero no me agradan los niños del equipo.

Papá: ¿Qué pasó? Antes te agradaba el equipo.

Beto: Es que alguien me llamó gordo y todos los niños se rieron de mí.

Papá: ¿Cómo te sentiste?

Beto: Realmente triste. Tuve ganas de llorar, pero no lo hice. Me sentí muy mal.

Papá: Te sentiste tan mal que no quisiste seguir jugando.

Beto: Así es. Pero terminé el partido, y anoté un jonrón en la última entrada. Ganamos el partido.

Papá: Parece que realmente te gusta jugar al béisbol.

Beto: Sí, pero odio que se burlen de mí.

Papá: Realmente te duele que otros niños se burlen de ti.

Beto: Sí. Creo que voy a decirles a los niños que dejen de burlarse de mí y hablaré con ellos sobre esto.

Papá: Me parece una buena idea.

Beto: Algunos niños nunca se burlan de mí. Realmente me agradan. Creo que voy a pasar más tiempo con ellos.

Papá: Me parece un plan excelente. Dime si puedo ayudarte.

- El papá de la charla trató de hacer que su hijo hable de él y de sus sentimientos. El papá sólo confirmó los sentimientos de su hijo. Dejó que Beto decida por sí solo qué hacer. A Beto se le ocurrió un plan muy bueno.

- Habla con tu hijo con sobrepeso para pensar en alguna forma de manejar las burlas. Éstas son algunas cosas que puede hacer tu hijo:

  - No demuestres que las burlas te molestan.

  - Cuando hables con los niños que te molestan, hazlo con tranquilidad. Diles que te duele cuando se burlan de ti. Pídeles que dejen de hacerlo.

- Juega con niños que no se burlen de ti.
- Aléjate.
- Finge que no escuchaste sus burlas.
- Respira hondo y despacio.
- Cuenta hasta 100. Esto te ayudará a no responder al niño que te está molestando.

¿Cuándo debo buscar ayuda?

- Si se burlan de tu hijo con sobrepeso en la escuela. Visita a la maestra de tu hijo o a un consejero de la escuela. Habla sobre qué se puede hacer para que dejen de molestar a tu hijo.

- Habla con los padres de los niños que se burlan de tu hijo con sobrepeso. Habla sobre lo que pueden decirles a sus hijos acerca del dolor que las burlas le causan a tu hijo. Los padres pueden decirles a sus hijos que no hagan burlas y que todos los niños tienen sentimientos.

- Si tu hijo parece deprimido. Visita a tu médico o enfermera.

Los sentimientos de la familia

¿De qué se trata?

Los padres, hermanos y hermanas tienen sentimientos acerca de un niño con sobrepeso. Puede que sientan vergüenza de un niño con sobrepeso. Es posible que no quieran ser vistos con un niño con sobrepeso. Puede que se burlen de tu hijo con sobrepeso. Posiblemente no lo inviten a jugar o a hacer cosas con ellos. Es posible que quieran que el niño baje de peso. Puede que quieran ayudar a tu hijo con sobrepeso. Es posible que no sepan cómo ayudar.

¿Lo sabías?

- Es posible que tu familia no trate a tu hijo con sobrepeso de la misma forma en que tratan a otros niños de tu familia.

- Todos los integrantes de la familia deben respetar a tu hijo con sobrepeso.

18

Los sentimientos de la familia

- Todos los integrantes de la familia deben ayudar a la familia y al niño con sobrepeso a comer bien, comer alimentos saludables, jugar, dormir bien, ir a la escuela y tener pasatiempos.

- Hay muchas teorías sobre por qué los niños tienen sobrepeso. Algunas son verdaderas. Muchas no lo son.

- Algunas familias creen que no hay problema en tener sobrepeso. No creen que es perjudicial para la salud.

- Puede ser difícil que un niño baje de peso cuando mamá y papá tienen sobrepeso.

- Cuando mamá y papá se sienten mal por su aspecto, le transmiten la misma idea a su hijo. Esto no ayuda.

- Todas las personas que viven en la casa deben ayudar a que tu hijo baje de peso.

- El hogar debe ser un lugar seguro, no un lugar donde tu hijo con sobrepeso se sienta triste. No permitas que tu familia fastidie a tu hijo con sobrepeso. No permitas que tu familia se burle de tu hijo con sobrepeso.

- Es difícil que un niño con sobrepeso se sienta bien cuando sus otros hermanos y hermanas son delgados. El niño con sobrepeso puede sentir celos de otros integrantes de la familia.

- Es posible que el niño con sobrepeso reciba atención extra de los padres. Las hermanas y los hermanos delgados pueden sentir celos de tu hijo con sobrepeso.

- Los problemas familiares pueden ser difíciles de resolver. Afectan a todo el hogar.

¿Qué puedo hacer?

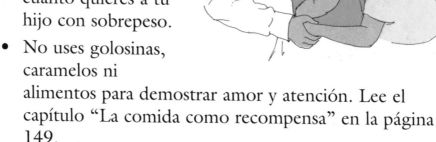

- Darle mucha atención a tus hijos.

- Los abrazos y besos son una buena forma de demostrar cuánto quieres a tu hijo con sobrepeso.

- No uses golosinas, caramelos ni alimentos para demostrar amor y atención. Lee el capítulo "La comida como recompensa" en la página 149.

- Trabajen juntos en familia para vivir de manera saludable. Coman juntos. Hagan ejercicio juntos. Lleva a caminar a toda la familia.

- No digas palabras como "regordete" o "gordo" ni otras palabras feas.

- Habla de las virtudes de todos tus hijos.

- Ayuda a que tus hijos con sobrepeso vean sus cosas buenas. Por ejemplo, diles "¡Qué hermoso luce tu cabello hoy!" o "Me enteré de que te fue muy bien en la clase de canto".

- Ayuda a tu hijo con sobrepeso a que conozca otros niños que se sientan bien con su complexión física.

- Ayuda a tu hijo con sobrepeso a que conozca otros niños que tengan una buena actitud.

- Ayuda a tu hijo con sobrepeso a invitar amigos a tu casa. Planifica cosas divertidas para hacer. Practiquen un deporte. Monten en bicicleta. Salgan a caminar. Esto ayudará a que tu hijo no tenga sobrepeso.

- No dejes que tu hijo y sus amigos simplemente se sienten a mirar la televisión. Pasar demasiado tiempo sentado puede hacer que tu hijo tenga sobrepeso. Es posible que se sienten y coman bocadillos malos. Limita el tiempo de televisión, computadora y videojuegos a 1 hora por día aproximadamente. Es mejor que todos los niños estén activos.

¿Cuándo debo buscar ayuda?

- Si tu familia no colabora.

- Si tu familia no ayuda a tu hijo con sobrepeso.

- Si tu familia no se une para ayudar a tu hijo con sobrepeso. Lee el capítulo "Cuándo pedir ayuda" en la página 161.

La dieta

¿De qué se trata?

Algunas personas hacen una dieta especial para bajar de peso. Por ejemplo, comen menos o no comen grasas ni carbohidratos. A estas dietas se las llama "dietas de moda" porque mucha gente las hace. Estas dietas no funcionan. No son saludables. Generalmente después se recupera más peso del que se baja. Los niños que eligen bien los alimentos y hacen ejercicio generalmente no necesitan hacer dieta.

¿Lo sabías?

- La dieta es lo que comes y las elecciones de alimentos que haces.

- Hacer dieta significa elegir con cuidado los alimentos. Significa que tienes cuidado con la cantidad que comes.

- Muy pocos niños deben hacer una dieta especial debido a su peso.

- Un médico podrá decirte si tu hijo con sobrepeso necesita hacer una dieta especial.

- Los niños que hacen ejercicio y comen el tipo adecuado de alimentos en las cantidades adecuadas generalmente no necesitan hacer una dieta especial.

- Cambiar los malos hábitos de alimentación por buenos hábitos. Hacer ejercicio y comer bien. Eso puede ser todo lo que un niño con sobrepeso necesite hasta que crezca más.

- A medida que los niños crecen, sus cuerpos necesitan buenos alimentos para estar saludables. Necesitan vitaminas y minerales para ayudar al crecimiento de huesos y músculos. Lee el capítulo "Alimentación saludable" para saber qué clases de alimentos debes darle a tu hijo.

- Algunos niños hacen dietas de moda porque no están conformes con sus cuerpos. Habla con tu hijo para saber cómo se siente con su cuerpo.

- Algunos niños se enojan por su peso. Prueban cosas malas. A veces se provocan vómitos. A veces toman pastillas para adelgazar. Lee los capítulos de este libro "Anorexia y bulimia" y "Pastillas para adelgazar". Habla con tu médico de inmediato si tu hijo trata de bajar de peso de esta forma.

- Cuando tu familia comience el plan de alimentación y ejercicio de este libro, no digas que es una "dieta". Dile a tu familia que todos van a cambiar a un "estilo de vida saludable".

¿Qué puedo hacer?

- Habla con el médico de tu hijo.
  - Muéstrale este libro al médico.
  - Prepara un plan sobre lo que va a comer tu familia.
  - Prepara un plan para que tu hijo haga ejercicio.
  - Anota lo que el médico te diga.
  - Asegúrate de hacer preguntas cuando no entiendas algo.
- Habla con tu hijo acerca de las buenas y malas elecciones de alimentos.

- Diles a tus hijos que los amas.

- Diles que quieres que sean saludables.

- Ayuda a tus hijos a elegir alimentos saludables.

- Lee este libro con tu hijo para conocer los alimentos saludables que los niños deberían comer.

- Debes ser un buen modelo a imitar para tus hijos. No le digas a tus hijos que coman verduras mientras tú comes pizza. Esto transmite  el mensaje equivocado. Cuando tus hijos te vean comer alimentos saludables, ellos también lo harán.

¿Cuándo debo buscar ayuda?

- Si tu hijo tiene sobrepeso.

- Si no estás seguro de cómo puedes ayudar a tu hijo.

- Si descubres que tu hijo está tomando pastillas para adelgazar. Visita a un médico o enfermera.

- Si tu hijo intenta vomitar después de las comidas. Habla con un médico o enfermera.

- Si tu hijo aumenta o baja mucho de peso. Habla con un médico o enfermera de inmediato.

La alimentación saludable

¿De qué se trata?

Lee este libro para conocer los alimentos que son saludables. Esto te ayudará a hacer mejores elecciones para ti y tus hijos. Las buenas elecciones permitirán que tus hijos tengan una mejor oportunidad de ser saludables.

¿Lo sabías?

- En el capítulo "Los alimentos saludables" de la página 30 de este libro podrás aprender a identificar qué alimentos son saludables.

- Aprende a leer las etiquetas de información nutricional de los alimentos que compres. Lee el capítulo "La etiqueta de información nutricional" en la página 77 de este libro.

- Podrás elegir mejor los alimentos cuando sepas qué alimentos debes comprar y comer.

- Harás elecciones de alimentos saludables cuando sepas interpretar una etiqueta de información nutricional.

- Comprarás alimentos que sean mejores para la salud de tu familia cuando sepas qué debes buscar en la etiqueta de información nutricional. Por ejemplo, mira la etiqueta de muchos tipos de cereales para el desayuno. Elige el que tenga menos grasa y azúcar, y más fibra.

¿Qué puedo hacer?

- Enséñale a tu hijo a elegir bien los alimentos. Aprende esto junto con tu hijo. Tu hijo puede usar una computadora para aprender a elegir alimentos saludables.

- Deshazte de toda la comida chatarra que haya en tu casa. Tírala y no la compres más.

- Crea un juego sobre alimentos saludables. Háganse preguntas y vean quién sabe la respuesta.

  - Podrías preguntar: "¿Cuál de estos 3 alimentos es la mejor opción para un bocadillo? ¿Una manzana, una bolsa de papas fritas o una rebanada de pan blanco?" La respuesta es una manzana, porque tiene menos calorías y grasa, y más fibra. Es una fruta, que debe ser una gran parte de los alimentos que elijas todos los días. A medida que aprendan más juntos, haz que las preguntas sean más difíciles. Permite que tus hijos también te hagan preguntas.

- Mira las recetas que preparas ahora y con tu hijo traten de ver cómo pueden hacer para que sean más saludables.

- En lugar de freír el pollo, hiérvelo o cocínalo al vapor. Ásalo a la parrilla. Cocínalo en una sartén con aerosol vegetal. No lo frías en aceite o grasa.

- En lugar de preparar chile con carne de res molida, usa carne de pavo molida. Tiene menos grasa. Para que el chile sea aun más saludable, agrégale verduras y frijoles. Corta y agrega pimientos rojos y verdes, cebollas, apio y zanahorias.

- Usa productos semidescremados o descremados cuando se trate de leche, yogur, mayonesa y crema agria.

- En lugar de arroz blanco, usa arroz integral o cereales integrales como quinua, amaranto o cebada.

- Si horneas pastelillos o muffins, usa puré de manzana para la mitad de aceite o mantequilla.

  - Si la receta indica 2 cucharadas de aceite, usa 1 cucharada de aceite y 1 cucharada de puré de manzana.

  - Si horneas con harina blanca, usa la mitad de harina blanca y la mitad de harina de trigo integral.

- Busca recetas saludables y "bajas en calorías" ("light") en revistas y periódicos.

- Busca recetas saludables en la computadora. Si no tienes una computadora en tu casa, usa una sin cargo en una biblioteca. Si no sabes usar una computadora, pídele a tu hijo que te ayude.

- Habla con tu médico o enfermera sobre cómo puedes preparar comidas saludables para tu familia.

¿Cuándo debo buscar ayuda?

- Si necesitas más ideas sobre cómo ayudar a tu familia a comer de forma saludable. Busca clases sobre alimentación saludable. Pregunta en hospitales, clínicas y escuelas si tienen alguna clase a la que puedas asistir.

- Si no entiendes las etiquetas de Información nutricional. Pídele ayuda al encargado del supermercado. Pregúntale a tu médico o enfermera dónde puedes obtener ayuda.

La alimentación para gozar de buena salud 2

Apuntes

_____

_____

_____

_____

_____

_____

_____

_____

_____

_____

_____

_____

_____

_____

Los alimentos saludables

¿De qué se trata?

Es importante elegir alimentos saludables para tu familia.
Elegir algunos alimentos de cada grupos de alimentos se
le llama tener una dieta balanceada. La palabra "dieta"
significa todas las cosas que comes.

¿Lo sabías?

- Hay 6 grupos de alimentos que debes comer todos los días:
  - Cereales
  - Verduras
  - Frutas
  - Leche
  - Carne y legumbres
  - Aceites

- Es importante elegir alimentos
  de cada grupo todos los días.

- En una pirámide alimenticia
  puedes ver imágenes de los
  grupos de alimentos. La
  pirámide muestra los 6 grupos
  de alimentos. Puedes obtener
  más información sobre los
  grupos de alimentos en la
  pagina web mypyramid.gov.

Los alimentos saludables

- Come más de los grupos de Cereales, Verduras y Frutas. Come menos del grupo de Aceites.

- El comer alimentos de cada grupo ayudará a que tu hijo sea saludable.

- Cuando tus hijos tengan la edad suficiente como para reconocer los alimentos saludables, puedes pedirles que te ayuden a elegir los alimentos para la familia.

- Es importante comer alimentos de cada grupo. Come las cantidades adecuadas de cada grupo. A continuación encontrarás una guía de cuánto contiene cada porción. Puedes medir cada porción o usar esta guía como ayuda.

Una sola porción de este alimento...	...tiene casi el mismo tamaño que...
1 rebanada de pan integral	una caja de CD
1 taza de pasta o arroz	una pelota de tenis
1 papa mediana	un ratón de computadora
2 cucharadas de mantequilla de cacahuate	una pelota de golf
3 onzas de carne sin grasa cocida	un mazo de cartas
3 onzas de pescado	un teléfono celular
1 cucharadita de mantequilla	un dado
1 cucharadita de mayonesa o aderezo	la punta del pulgar
1 taza de frutas o verduras	una pelota de béisbol
1 onza de nueces	una pelota de ping-pong

- Éstos son algunos de los alimentos que integran cada uno de los 6 grupos de alimentos:

Cereales

- Pan
- Pasta
- Sémola
- Avena

- Tortillas
- Arroz
- Cereal para el desayuno
- Palomitas de maíz

- Las niñas deben comer 5 ó 6 porciones de cereales de una onza por día. Una porción de una onza equivale a 1 rebanada de pan, 1 taza de cereal para el desayuno o ½ taza de pasta, arroz o avena cocidos.

- Los niños deben comer 6 ó 7 porciones de cereales de una onza por día. Una porción de una onza equivale a 1 rebanada de pan, 1 taza de cereal para el desayuno o ½ taza de pasta, arroz o avena cocidos.

- Busca alimentos que digan "integral" ("whole") junto al nombre del cereal. El trigo integral, el maíz integral, el arroz integral y la avena integral son alimentos integrales o de "granos enteros". Ten cuidado: sólo porque el pan o las tortillas sean de color marrón no significa que sean integrales.

- Busca cereales que contengan fibra. Lee la etiqueta de información nutricional. Evita los cereales que tengan 1 gramo de fibra o menos.

Verduras

- Pepinos
- Espinaca
- Jugo de verduras
- Camotes
- Pimientos
- Brócoli
- Tomates

- Calabacitas y otras clases de calabaza
- Las verduras contienen vitaminas y mucha fibra. Son buenas para ti. Te ayudan a sentirte satisfecho. Ayudarán a tu hijo a lograr un peso saludable.
- Las niñas deben comer de 2 a 2½ porciones (tazas) de verduras por día. Una porción equivale a 1 taza de verduras crudas o cocidas. Dos tazas de verduras de hoja crudas equivalen a una porción del tamaño de una taza.
- Los niños deben comer de 2 a 2½ porciones (tazas) de verduras por día. Una porción equivale a 1 taza de verduras crudas o cocidas. Dos tazas de verduras de hoja crudas equivalen a una porción del tamaño de una taza.
- Hay muchas clases de verduras. Puedes conseguirlas frescas, congeladas o enlatadas. Prueba comer diferentes clases de verduras. Come verduras de diferentes colores. Come verduras de color verde oscuro como espinaca o brócoli. Come verduras anaranjadas como zanahorias, camotes y calabaza.

Las frutas

- Manzanas
- Bayas
- Naranjas
- Peras
- Melón
- Melocotones
- Pasas de uva

- Las frutas contienen vitaminas y mucha fibra. Las frutas son buenas para ti. Te ayudan a sentirte satisfecho. Ayudarán a tu hijo a lograr un peso saludable.

- Las niñas deben comer 1½ tazas de frutas por día. Esto equivale aproximadamente a 1 manzana o toronja grande, 12 fresas o 1½ naranjas o melocotones grandes.

- Los niños deben comer de 1½ a 2 tazas de frutas por día. Esto equivale aproximadamente a 1½ manzanas o toronjas grandes, 16 fresas o 2 naranjas o duraznos grandes.

- Es bueno que tu hijo coma frutas frescas. Compra frutas frescas si puedes. Busca las frutas que estén en oferta. Cuando no puedas conseguir frutas frescas, compra frutas congeladas o enlatadas. También puedes conseguir frutas desecadas como las pasas de uva. No comas mucho de una vez. Las pasas de uva contienen mucha azúcar.

- Busca frutas enlatadas que estén envasadas con agua o 100% de jugo de frutas. El jugo que es 100% natural contiene menos azúcar que otros jugos.

- No compres frutas envasadas en almíbar. El almíbar tiene mucha azúcar. Las bebidas con sabor a fruta o las barras de frutas masticables no contienen mucha fruta de verdad.

Los productos lácteos

- Queso

- Yogur

- Leche

- Helado

- Yogur congelado (elige semidescremado o descremado). No comas más de 2 veces por semana.

- Las niñas mayores de 8 años deben comer o beber 3 tazas de alimentos lácteos por día. Por ejemplo, 1 taza de leche, un yogur pequeño y 3 rebanadas de queso.

- Los niños mayores de 8 años deben comer o beber 3 tazas de alimentos lácteos por día. Por ejemplo, 1 taza de leche, un yogur pequeño y 3 rebanadas de queso.

- Elige leche, queso o yogur que diga semidescremado o descremado. También puede decir 2% o 1% de grasa. Éstas son buenas opciones.

- Coloca yogur semidescremado o descremado y frutas en una licuadora para hacer un licuado saludable. La fruta congelada es una buena opción para esta preparación.

- No uses leche con sabor a chocolate o fresa porque contienen mucha azúcar. Sólo toma helado de vez en cuando para darte el gusto. Pero no lo compres y guardes en casa.

Carne y legumbres

- Carne sin grasa
- Huevos
- Nueces
- Pescado
- Legumbres
- Semillas

- Las niñas mayores de 8 años deben comer 5 onzas de carne y legumbres al día. Cada una las siguientes es una porción de una onza, así que puedes elegir 5 de éstas cada día: 1 onza de carne o pescado, 1 huevo, 1 cucharada de mantequilla de cacahuate, 2 cucharadas de garbanzos, ¼ taza de frijoles o 12 almendras.

- Los niños mayores de 8 años deben comer 5 ó 6 onzas de carne y legumbres al día. Cada una las siguientes es una porción de una onza, así que puedes elegir 5 ó 6 de éstas cada día: 1 onza de carne o pescado, 1 huevo, 1 cucharada de mantequilla de cacahuate, 2 cucharadas de garbanzos, ¼ taza de frijoles o 12 almendras.

- Los alimentos de este grupo te aportan proteínas. La proteína ayuda a los músculos y huesos a crecer.

- Las legumbres contienen mucha fibra. Trata de agregarlas a tus comidas más a menudo. No cocines las legumbres en manteca de cerdo. Esto agrega grasas malas.

- Elige carnes que digan "baja en grasa" ("lean") porque tienen menos grasas. En cuanto a la carne de res, elige cortes para asar o bistec de tapa.

- En cuanto a la carne de res molida, busca que la etiqueta diga "extra baja en grasa" ("extra lean") o "90% sin grasa" ("90% lean"). En cuanto a la carne de cerdo, elige cortes para asar o lomo. Al pollo o pavo, quítale la grasa que puedas ver.

- Cocina el pollo sin la piel.

Aceites

- Mantequilla
- Aceite de oliva
- Aceite de semillas de linaza
- Aceite vegetal
- Mayonesa
- Aderezos para ensalada
- Necesitas algo de grasa y aceite en tu dieta.

- Las niñas y los niños mayores de 8 años no deben consumir más de 5 cucharaditas de aceite por día.

- Tu hijo obtendrá la grasa y el aceite que necesita de otros alimentos que coma, por ejemplo, nueces y semillas, aguacate, pescado y aderezos para ensalada.

- Evita las frituras. Tienen muchas grasas malas.

- Sólo usa pequeñas cantidades de mantequilla o margarina. Es mejor usar margarina que mantequilla. Busca margarina que no contenga grasas trans.

- Usa aceite de origen vegetal como de oliva, canola y cártamo.

- Las grasas buenas son las poliinsaturadas y las monoinsaturadas. Las grasas malas son las grasas trans y las grasas saturadas, como la manteca de cerdo.

¿Qué puedo hacer?

- Aprende con tus hijos cuáles son los 6 grupos de alimentos.

- Lee el capítulo de este libro "Cuánto comer" en la página 73. Mira el cuadro de la página 74. Aprende a darte cuenta cuánto es una porción individual. Asegúrate de que tu hijo sepa cuánto es una porción individual.

- Explícales a tus hijos por qué algunos alimentos son mejores que otros para ellos.

- Elige diferentes alimentos de cada grupo. Elige muchas verduras de diferentes colores. Deja que tus hijos elijan los alimentos en el supermercado. Háblales acerca de sus elecciones.

- Ayuda a tus hijos a elegir alimentos que sean buenos para su salud.

- Establece límites. Algunos alimentos son mejores que otros. Esto no significa que hay alimentos que nunca debas comer. Está bien comer una bola de helado de vez en cuando. No está bien comer dos bolas de helado todos los días.

¿Cuándo debo buscar ayuda?

- Si no estás seguro de qué alimentos debe comer tu hijo.
- Si no sabes cuánto debe comer tu hijo al día.
- Si tu hijo aumenta más de 2 libras por semana.
- Si tu hijo baja más de 2 libras por semana.

Los nutrientes

¿De qué se trata?

Los nutrientes están en los alimentos. Las personas necesitan nutrientes para crecer, vivir y mantenerse saludables.

¿Lo sabías?

- Los alimentos están compuestos de muchas clases de nutrientes.

- La etiqueta de información nutricional se encuentra en los alimentos que compras en el supermercado. Lee el capítulo "La etiqueta de información nutricional" en la página 77.

- La etiqueta de información nutricional te dirá los nutrientes que tienen los alimentos.

Nutrition Facts
Serving Size 1 cup (228g)
Servings Per Container 2

Amount Per Serving	
Calories 250	Calories from Fat 110

	% Daily Value*
Total Fat 12g	18%
Saturated Fat 3g	15%
Trans Fat 1.5g	
Cholesterol 30mg	10%
Sodium 470mg	20%
Total Carbohydrate 31g	10%
Dietary Fiber 0g	0%
Sugars 5g	
Protein 5g	

Vitamin A	4%
Vitamin C	2%
Calcium	20%
Iron	4%

* Percent Daily Values are based on a 2,000 calorie diet. Your Daily Values may be higher or lower depending on your calorie needs:

	Calories:	2,000	2,500
Total Fat	Less than	65g	80g
Sat Fat	Less than	20g	25g
Cholesterol	Less than	300mg	300mg
Sodium	Less than	2,400mg	2,400mg
Total Carbohydrate		300g	375g
Dietary Fiber		25g	30g

Calorías

- Una caloría te dice cuánta energía te llevará consumir los alimentos que has comido.

  - Cuando comes más calorías que las que usa tu cuerpo, tu cuerpo almacenará las calorías adicionales en forma de grasa.

- Tu cuerpo quema calorías cuando haces ejercicio.

- Algunos alimentos tienen calorías pero no tienen nutrientes. Los refrescos, las golosinas y los alimentos azucarados tienen muchas calorías pero pocos nutrientes. Se les dice "alimentos calóricos vacíos".

- Algunos alimentos tienen pocas calorías y le dan a tu cuerpo muchas cosas buenas. Las verduras y frutas tienen pocas calorías y muchos nutrientes.

- Pregúntale a tu médico o enfermera cuántas calorías debe comer tu hijo con sobrepeso al día.

  - Usa la etiqueta de información nutricional para ver cuántas calorías hay en una porción.

  - Asegúrate de leer y saber cuánta comida o bebida hay en una porción.

  - Suma las calorías de cada porción para saber cuántas calorías comen tú y tu hijo en cada comida.

  - Suma las calorías de cada comida para saber cuántas calorías comen tú y tu hijo por día.

Grasa

- La grasa es un nutriente.

- Las personas necesitan algo de grasa para mantenerse saludables.

- Puedes ver cuánta grasa tienen los alimentos en la etiqueta de información nutricional.

  - Las grasas buenas que ayudan al cuerpo se llaman monoinsaturadas o poliinsaturadas.

- Los alimentos que tienen estas grasas buenas son:
  - El pescado como salmón, trucha y arenque
  - Las nueces como almendras, cacahuates, y alimentos para untar hechos con nueces, como la mantequilla de cacahuate y la mantequilla de almendra.
    No dejes que tus hijos coman ninguna nuez si son alérgicos a ellas.
  - Las semillas, como las de girasol y calabaza
  - Los aguacates
- Las "grasas saturadas" causan sobrepeso. Evita los alimentos que tengan grasas saturadas.
- Los alimentos que tienen grasas saturadas son:
  - La carne con grasa visible, como bistecs o hamburguesas; salsas hechas con carne o pollo; salchichas y embutidos como salame y mortadela.
  - Los productos lácteos como el helado, la leche entera y el queso que no son semidescremados ni descremados.
  - Los alimentos fritos como papas fritas, pollo frito, pescado frito y donas.
- Nunca comas alimentos que tengan grasas trans. Los alimentos que tienen grasas trans son:
  - Algunas clases de margarina, mantequilla y manteca (lee la etiqueta de información nutricional).

- Los alimentos fritos que se venden en restaurantes de comida rápida, como papas fritas, pollo frito y pastel de manzana frito.
- Las donas, galletas y pasteles del supermercado.
- Cualquier alimento que diga "mantequilla" o "manteca" ("shortening"), o "hidrogenado" ("hydrogenated") en la lista de ingredientes.

Proteínas

- La proteína es un nutriente.
- Comer proteínas nos ayuda a sentirnos satisfechos.
- Algunas proteínas tienen muchas grasas malas. Un bistec o una hamburguesa tienen muchas proteínas pero también muchas grasas saturadas.
- Algunos alimentos tienen muchas proteínas y casi no tienen grasas malas:
  - Las carnes bajas en grasa:
    - Pollo sin piel y desgrasado
    - Carne de res sin grasa visible
    - Pechuga de pavo
  - El pescado. Salmón, trucha, caballa, bonito, bacalao, fletán, arenque
  - Las legumbres. Frijoles pinto, negros, blancos, garbanzos, frijoles rojos, frijoles carita, lentejas
  - Los huevos. Cocina con aceite en aerosol. Sirve los huevos escalfados o hervidos. Puedes hacer un huevo cocido y ponerlo en el almuerzo de tu hijo.

- Las nueces
  No dejes que tus hijos coman ninguna nuez si son alergicos a ellas.

Los carbohidratos

- Los carbohidratos son una fuente de energía que el cuerpo usa.

- Las frutas, las verduras, los cereales, el azúcar y la fibra son tipos
  de carbohidratos.

- La mayoría de los carbohidratos se convierten en azúcares en el cuerpo. La fibra no se convierte en azúcar.

- Algunos carbohidratos tardan más en convertirse en azúcar en el cuerpo. Come estas clases de carbohidratos:

  - Pasta integral
  - Arroz integral
  - Frutas
  - Tortillas de maíz
  - Semillas
  - Panes integrales
  - Verduras
  - Legumbres
  - Salvado

- Otros carbohidratos se convierten en azúcar muy rápido en el cuerpo. Come muy poco o nada de estos carbohidratos:

  - Azúcar
  - Pan blanco
  - Tortillas de harina blanca
  - Jugo de frutas
  - Golosinas
  - Arroz blanco
  - Papas
  - Maíz

¿Qué puedo hacer?

- Elige alimentos saludables.
- Usa la etiqueta de información nutricional para saber qué nutrientes hay en un alimento.
- Elige alimentos que tengan pocas calorías, grasa, azúcar y sal (sodio).
- En lugar de manteca de cerdo, grasas de origen animal o mantequilla, elige aceite de oliva o de canola.
- Cuando cocines, usa sólo una pequeña cantidad de aceite.

¿Cuándo debo buscar ayuda?

- Si no entiendes la etiqueta de Información nutricional.
- Si no sabes qué proteínas, carbohidratos o grasas debe comer tu hijo.
- Si no estás seguro de que tu hijo esté obteniendo las vitaminas y los minerales suficientes. Visita a tu médico o enfermera, o habla con el farmacéutico de tu farmacia.

Las vitaminas

¿De qué se trata?

Las vitaminas están en los alimentos que comemos. Nuestros cuerpos necesitan vitaminas para crecer. Las vitaminas ayudan a que nuestros cuerpos se mantengan saludables.

¿Lo sabías?

- Nuestros cuerpos no pueden producir vitaminas. Debemos obtenerlas de los alimentos.
- Usamos las vitaminas A, B, C, D, E y K.
- La vitamina A ayuda a tener buena vista, cabello y piel saludables.
- Puedes obtener la vitamina A de alimentos como éstos:
  - Los productos lácteos
  - Las frutas y verduras de color amarillo o anaranjado como:
    - Melones
    - Albaricoques
    - Calabaza
    - Zanahorias
    - Camotes
  - Las verduras de color verde oscuro como:
    - Espinaca

- ◆ Brócoli
- ◆ Hojas de repollo
- ◆ Col rizada
- La vitamina B ayuda a que tu cuerpo use la energía que obtienes de los alimentos. También es buena para la sangre.
- Puedes obtener la vitamina B de alimentos como éstos:

  - ■ Cereales integrales
  - ■ Carne sin grasa de res, pollo y pavo
  - ■ Pescado
  - ■ Huevos
  - ■ Leche semidescremada
  - ■ Yogur
  - ■ Verduras de color verde oscuro como espinaca, hojas de repollo, col rizada
  - ■ Frijoles
  - ■ Arvejas
- La vitamina C ayuda a mantener saludables los dientes, las encías y los vasos sanguíneos.
- Puedes obtener la vitamina C de alimentos como frutas y verduras:
  - ■ Naranjas
  - ■ Kiwis
  - ■ Fresas

- Piñas
- Melones
- Pimientos rojos y verdes
- Brócoli
- Coliflor
- Repollitos de Bruselas

- La vitamina D ayuda a mantener saludables los huesos y los dientes. Ayuda al cuerpo a usar minerales como el calcio.

- Puedes obtener la vitamina D de alimentos como éstos:
    - Leche semidescremada
    - Huevos
    - Pescado
    - Algunos cereales
    - Tomar sol durante unos minutos ayuda a tu cuerpo a usar la vitamina D. Siempre debes usar un protector solar cuando estés al sol durante mucho tiempo.

- La vitamina E ayuda a mantener saludables los ojos, la piel, la sangre y los pulmones.

- Puedes obtener la vitamina E de alimentos como éstos:
    - Nueces
    - Mantequilla de cacahuate
    - Aguacate
    - Verduras de color verde oscuro como espinaca, hojas de repollo, col rizada
    - Cereales integrales

- - Yemas de huevo
- La vitamina K es buena para la sangre.
- Puedes obtener la vitamina K de alimentos como éstos:
  - Leche
  - Yogur
  - Huevos
  - Verduras de color verde oscuro como espinaca, hojas de repollo y col rizada
  - Carnes

¿Qué puedo hacer?

- Come alimentos de todos los grupos de alimentos.
- Dale una pastilla de vitamina a tu hijo con sobrepeso si tu médico te lo indica. Las vitaminas no engordan ni le dan hambre a tu hijo.

¿Cuándo debo buscar ayuda?

- Si no sabes si tu hijo necesita tomar pastillas de vitaminas.
- Si no estás seguro de que tu hijo esté comiendo todos los alimentos adecuados.

Cómo comprar alimentos

¿De qué se trata?

Ir al supermercado a comprar alimentos saludables. Tener alimentos saludables en tu casa. Esto hará que a tu familia y a tu hijo con sobrepeso les sea fácil comer los alimentos adecuados.

¿Lo sabías?

- Es más barato hacer las compras y cocinar en casa. Cuando compras comida rápida o sales a comer casi todos los días, gastas más.

- Los alimentos que cuestan menos generalmente están en los estantes altos y bajos de los pasillos centrales.

- Las mejores opciones del supermercado están alrededor de las paredes. Ahí es donde encontrarás frutas y verduras, productos frescos como leche y queso, y carnes y pescado.

¿Qué puedo hacer?

- Lleva a tus hijos al supermercado.

- Permíteles que te ayuden a elegir alimentos saludables.

- Come antes de salir de compras. Si tienes hambre cuando vas de compras, comprarás cosas que podrían no ser saludables para ti. Es posible que compres lo que quieres comer en ese momento.

Cómo comprar alimentos

- Haz una lista antes de ir al supermercado. De esta forma comprarás las cosas que sean saludables y buenas para ti.

- Usa cupones. Te permiten comprar alimentos por menos dinero.

- Compra alimentos que estén en oferta. Así podrás gastar un poco más en alimentos frescos que sean buenos para ti.

- Busca las marcas del supermercado. Cuestan menos y generalmente tienen el mismo sabor.

- Planifica las comidas para la semana. Después prepara tu lista de compras. Piensa en lo que quieres que tu hijo lleve en la lonchera. Piensa en qué ingredientes necesitarás para preparar las comidas. Asegúrate de incluir muchas verduras, cereales integrales, frutas y algo de carne, pescado y legumbres. Lee el capítulo "La alimentación saludable" en la página 25.

- Cuando compres carne o pescado, elige los cortes que tengan menos grasa. Quítale la piel al pollo cuando llegues a tu casa. El pollo sin piel cuesta más que comprarlo entero y quitarle la piel en casa.

Cómo comprar alimentos

- Compra pescado fresco que no tenga olor fuerte. Pregunta si el pescado es fresco cuando compres pescado o carne en la sección de carnicería. Pide permiso para olerlo. No debe estar baboso ni pegajoso. Si compras carne o pescado en paquetes, fíjate en la etiqueta cuál es la fecha de vencimiento. Tienes hasta esa fecha para usarlo.

- Busca la palabra "integral" ("whole grain") en la lista de ingredientes. Lee las etiquetas del pan, las pastas, las galletas y las tortillas. Los alimentos integrales tienen más fibra. La fibra ayuda a que los alimentos pasen más lento por el cuerpo. Esto hará que te sientas lleno durante más tiempo.

- Ve al mercado varias veces por semana para comprar verduras y frutas frescas. Compra sólo la cantidad que comerá tu familia hasta que vuelvas a comprar.

- Busca frutas que estén firmes y no demasiado maduras. La fruta es mejor para ti cuando está firme y no demasiado blanda. Las frutas como los platanos o las peras no deben tener muchas manchas marrones o negras.

- Mira bien las frutas frescas. En algunas frutas frescas, como las bayas, se pueden formar hongos.

- Compra diferentes clases de frutas. Algunas frutas duran más que otras. Las manzanas, toronjas, naranjas y uvas se mantienen frescas durante mucho tiempo. Los platanos, peras y bayas se deben comer en pocos días.

- La mayoría de los alimentos frescos tienen una fecha en el paquete. Cómelos antes de esa fecha.

- Algunos alimentos tienen la fecha de empaque. Esa es la fecha en que los pusieron en la bolsa o caja. No es la fecha en la que se echarán a perder. Pregúntale a la persona que trabaja en el supermercado cuánto durará este alimento.

- Debes tener algunas frutas y verduras congeladas y enlatadas en tu casa. Si no puedes conseguirlas en el supermercado, aún tendrás frutas y verduras que comer. Enjuaga las verduras enlatadas antes de comerlas o cocinarlas.

- Elige verduras de muchos colores diferentes.
  - Verduras de color verde oscuro como espinaca y lechuga
  - Verduras anaranjadas como zanahorias, pimientos y calabaza
  - Verduras rojas como tomates y pimientos

¿Cuándo debo buscar ayuda?

- Si no estás seguro de qué comprar en el supermercado.
- Si necesitas ayuda para elegir bien los alimentos.

Cómo pagar por los alimentos saludables

¿De qué se trata?

El comprar alimentos frescos y saludables puede costar más dinero, pero el costo adicional vale la pena. Hay formas en las que puedes comprar alimentos saludables para que no cuesten demasiado.

¿Lo sabías?

- Es posible que puedas buscar ayuda para obtener alimentos saludables de un programa llamado WIC (que en inglés significa Mujeres, Bebés y Niños). Hay otros programas que te pueden ayudar a comprar alimentos si no ganas mucho dinero. Pídele a tu médico o enfermera que te diga a quién puedes pedirle ayuda para inscribirte en estos programas.

- Algunos alimentos saludables se pueden congelar. Busca ofertas y compra más cantidad de estos alimentos cuando cuesten menos. Es posible que gastes más ahora, pero tendrás comida más adelante y ahorrarás dinero.

- Tus alimentos se mantendrán saludables si sigues estas reglas para congelarlos:

  - Usa bolsas de plástico que digan "freezer" en el envase. Estas bolsas ayudarán a mantener los alimentos en buen estado.

- Antes de sellar una bolsa, sácale todo el aire. Si no lo haces, el frío podría quemar los alimentos y no tendrán buen sabor.

- Para la carne, el pescado o la carne de ave, puedes usar papel para el congelador ("freezer") o bolsas de plástico. Envuelve los alimentos contra el lado brilloso del papel.

- También puedes usar envoltorio plástico, pero usa dos capas para proteger los alimentos.

- Lava y seca la carne, el pescado, la carne de ave, las frutas y las verduras antes de congelarlos. Sécalos con golpecitos de toalla de papel. Asegúrate de que estén secos. Si no están secos, se formará hielo sobre los alimentos y se echarán a perder.

- Almacena la cantidad de alimento que usarás para una sola comida. Usa un paquete en cada comida.

- Anota en el exterior del paquete qué contiene y la fecha en que lo congelaste. Así sabrás qué es y si aún está en buen estado.

- Para descongelar los alimentos, colócalos en el refrigerador y déjalos allí toda la noche. No dejes que los alimentos congelados se descongelen en la mesa toda la noche. Se formarán gérmenes que pueden enfermarte.

- No recargues demasiado tu congelador. Deja algo de espacio para que el aire frío pueda circular alrededor de los alimentos.

- Éstos son algunos de los alimentos saludables que puedes comprar en oferta y congelar.

    - El pan integral se conservará durante 2 meses.

    - La carne sin grasa, el pescado y la carne de ave (como la carne sin grasa de pollo o pavo) se conservará durante 3 meses.

    - Las verduras frescas como:

        - Espárragos
        - Judías verdes (ejotes)
        - Zanahorias
        - Pimientos dulces (rojos, verdes o amarillos)

        - Brócoli
        - Hongos
        - Cebollas
        - Espinaca

        - Es posible congelar el calabaza y las calabacitas. Pero primero hay que escaldarlos.

- Para escaldarlos, lávalos bien.

- Hiérvelos en agua durante 3 minutos o hasta que estén tiernos.

- Retíralos y colócalos inmediatamente en agua muy fría durante 5 minutos para interrumpir la cocción.

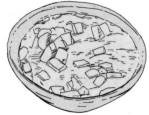

- Antes de congelar las verduras más grandes, córtalas. Úsalas en recetas para cocinar. No son tan buenas para comerlas solas y crudas después de que han estado congeladas.
- Las verduras congeladas duran alrededor de 8 meses.
- Es posible congelar algunas frutas frescas.
  - Las mejores opciones son las bayas, los duraznos y los platanos.
  - Primero lávalos y sécalos.
  - Pela los platanos antes de congelarlas.
  - Pela y corta los duraznos primero. Sácales la semilla.
  - Usa las frutas congeladas para hacer licuados o para comerlas con cereal.
  - Las frutas estarán un poco blandas cuando las descongeles.
  - Las frutas se conservan durante 8 meses.

¿Qué puedo hacer?

- Elige la marca del supermercado. A estas marcas también se les llama "genéricas". Generalmente estos productos se fabrican de la misma forma que las marcas comerciales.
- Fíjate en la etiqueta del producto de la marca del supermercado para ver si tiene la misma cantidad de calorías, grasa o sal que los de otras marcas.

Cómo pagar por los alimentos saludables

- En algunos supermercados se pueden comprar alimentos sueltos o a granel.

  - Coloca todo lo que quieras comprar en una bolsa.

  - Paga por libra.

  - Algunos alimentos que puedes comprar sueltos son las nueces, harina integral, cereales, arroz y pasta.

  - Cuestan menos que los envasados.

- Usa cupones. El dinero que ahorres te ayudará a pagar los alimentos frescos y saludables. Busca cupones en los periódicos, en la correspondencia, en tu supermercado o en la computadora.

  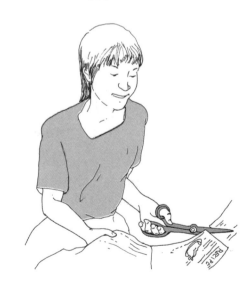

Cómo pagar por los alimentos saludables

- Averigua si hay un mercado de agricultores cerca de tu casa. Allí puedes comprar frutas y verduras frescas que se cultiven localmente. Muchas veces cuestan menos y son más frescas que cuando las compras en el supermercado.

- Si no tienes problema para ir a más de una tienda, compra los alimentos que cuesten menos en cada una de estas tiendas. Es posible que pagues menos por las frutas y verduras en una tienda que sólo vende lo que produce.

- Espera las ofertas.
  - Compra lo que esté en oferta.
  - Compra lo que necesites y un poco más.
  - Congela los alimentos que sobren.
  - Compra sólo lo que puedas usar, congelar o conservar por un tiempo.

- Algunos alimentos se venden a menor precio el día anterior a que se echen a perder. Por ejemplo, la carne, la carne de ave, el pescado o el pan. Cómpralos si sabes que podrás usarlos enseguida.

- Algunos alimentos se venden en "paquetes familiares".
  - Busca esta clase de paquetes.
  - Fíjate el precio por libra. Asegúrate de que sea más bajo que el precio por libra del paquete más pequeño.
  - Pregúntale a tus familiares o amigos si quieren compartir el "paquete familiar" y dividir el costo.
  - Congela lo que no puedas usar para una comida.

Cómo pagar por los alimentos saludables

¿Cuándo debo buscar ayuda?

- Si no crees que puedes costear los alimentos saludables.
- Si no estás seguro de cómo congelar algunos tipos de alimentos.
- Si no puedes comprar suficientes alimentos para tu familia.

La hora de la comida 3

Cómo cocinar saludablemente

¿De qué se trata?

Se trata de una forma de cocinar que reduce la grasa y las calorías de las comidas. La cocina saludable ayuda a que los alimentos conserven sus nutrientes y vitaminas. La comida que sirvas será buena para tu hijo con sobrepeso y para toda tu familia.

¿Lo sabías?

- Algunas formas de cocinar añaden demasiada grasa.
- Cocinar los alimentos en aceite, grasa, mantequilla o manteca de cerdo como Crisco o grasa de tocino, agrega grasa a la comida.
- Cocinar con grasa no es una buena forma de cocinar tu comida. No frías la comida. Esto le agregará mucha grasa. Demasiada grasa no es algo bueno para la salud de tu familia.
- Puedes cambiar algunas cosas de las recetas para que tu comida sea saludable y aún tenga buen sabor.
- No debes empanar ni rebozar los alimentos en mezcla o harina para cocinarlos. Esto les agregará grasa y calorías.

Cómo cocinar saludablemente

- Sólo usa suficiente aceite como para recubrir una sartén. En lugar de aceite, usa caldo. Para saltear la comida, usa caldo. Le agregará sabor y tendrá menos grasa.

- Puedes cocinar a la parrilla. Ésta es una buena forma de cocinar las carnes porque hace escurrir la grasa. No cocines la carne hasta que esté negra y quemada. La carne negra o quemada no es saludable. Cocínala a fuego lento para que no se queme.

- Asegúrate de que la carne quede bien cocida. Corta un pedazo para ver si está cocida.

- Puedes cocinar verduras y pescado a la parrilla. Usa una canasta apta para parrilla. Antes de encender la parrilla, puedes cubrirla con papel de aluminio y pincharlo.

- Puedes cocinar las verduras en el microondas. Puedes hervir las verduras en agua o cocerlas al vapor. No será necesario que uses grasa. Así tus verduras seguirán siendo saludables.

- Come menos carnes rojas. La carne de res asada, las hamburguesas, el cordero y los bistecs son carnes rojas. También sirve pescado, cerdo, pollo o pavo. Agrega legumbres para obtener proteína. Cuando sirvas carnes rojas, elige carnes sin grasa. Quítale la grasa que puedas ver.

- Las carnes como el tocino y el jamón, los embutidos como la mortadela, el salame y las salchichas tienen mucha sal y grasa. No comas mucho de estas carnes.

- Sirve agua, leche semidescremada o descremada con las comidas. No sirvas refrescos con las comidas.

Cómo cocinar saludablemente

- Trata de que algunas veces las comidas no tengan carne. Sirve legumbres o tofu como fuente de proteínas.

¿Qué puedo hacer?

- No sirvas la comida al estilo familiar con todas las comidas en grandes fuentes o tazones en la mesa. Sirve la comida en el plato de cada persona y luego coloca el plato en la mesa. Esto asegurará que tus hijos reciban la cantidad adecuada de cada alimento. Deja que tus hijos te ayuden a hacer esto.

- Guarda las sobras de comida en el refrigerador. Sírvelos para el almuerzo o la cena del día siguiente.

- Antes de cocinar carne o pollo, quítales la grasa.

- Usa aceite en aerosol en lugar de grasa o aceite para freír la comida en una sartén. Esto evitará que la comida se pegue a la sartén.

- Las verduras son más saludables cuando aún están firmes. No las cocines hasta que queden blandas.

- Compra verduras frescas. Pídele a la persona que trabaja en el supermercado que te enseñe a elegir buenas verduras frescas.

Cómo cocinar saludablemente

- Si tu supermercado no tiene verduras frescas, compra enlatadas o congeladas. Estas también son buenas opciones. Enjuaga las verduras enlatadas antes de comerlas o cocinarlas.

- Cocina las verduras al vapor. Agrégales un poco de jugo de limón. Condiméntalas con especias, hierbas o un poco de queso parmesano y sírvelas.

- Agrega verduras siempre que puedas. Úsalas en sopas o guisos. Haz una comida salteando muchas verduras. Pica verduras de todos los colores y cocínalas en la misma sartén con carne, pescado o pollo.

- Sirve una ensalada con el almuerzo o la cena. Esto ayudará a que tu familia coma más verduras. También ayudará a que se sientan satisfechos.

- Come despacio. De esta manera tú y tu hijo no comerán demasiado.

- Bebe agua con cada comida.

- Usa especias para darle sabor a la comida. Prueba con especias como ajo, pimienta, orégano o curry, o hierbas frescas como albahaca, romero o cilantro.

- Compra una vaporera para cocinar tus alimentos al vapor.

- La vaporera es una canasta que se abre y se coloca en el fondo de una olla.

  - Coloca alrededor de 1 pulgada de agua en la olla.

- - Coloca la vaporera dentro de la olla. No debes ver agua en el fondo de la vaporera. Si ves agua, sácale un poco.

  - Espera hasta que el agua hierva.

  - Coloca los alimentos en la canasta.

  - Tapa la olla. No dejes que se evapore toda el agua. Si queda muy poca, agrégale un poco de agua caliente.

  - Cocina hasta que las verduras estén cocidas pero firmes durante 3 a 5 minutos aproximadamente.

- El vapor del agua hirviendo cocina la comida. La tapa ayuda a que el vapor de la olla cocine la comida.

- **El vapor es caliente. Ten cuidado de no quemarte. Usa una agarradera para olla, abre la tapa despacio y no acerques la cara.**

- Elige pasta integral, granos o arroz integral en lugar de pasta o arroz blanco.

- Usa legumbres para agregar proteínas a una comida vegetariana.

- Sirve frutas y bayas de postre en lugar de pasteles, tartas, helado u otros alimentos azucarados. Sírvelos con un poco de crema batida descremada o yogur descremado.

¿Cuándo debo buscar ayuda?

- Si tienes que aprender a cocinar los alimentos sin freírlos.
- Si tu familia no come la comida saludable que cocinas.

Las comidas familiares

¿De qué se trata?

La comida familiar es cuando la familia se sienta a la mesa y comen todos juntos. Es un momento en que toda la familia se sienta a comer. La abuela y el abuelo, las tías y los tíos, los primos y los amigos también pueden compartir una comida familiar.

¿Lo sabías?

- A los niños y adolescentes que comparten una comida, como la cena, con la familia les va mejor en la escuela. Estos niños tienen menos probabilidades de tener sobrepeso.
- A los niños en edad escolar que comen en familia les va mejor en la escuela.
- A veces, los adolescentes no quieren comer con la familia, pero los padres deben tratar de que lo hagan.
- Comer en familia ayuda a que todos tengan una dieta saludable. Es más probable que los niños coman frutas y verduras en una comida familiar. Tu hijo comerá lo que coma la familia. Tu hijo se tomará su tiempo para come, y comerá una comida saludable.

Las comidas familiares

- Coloca el menú semanal para la cena en un lugar donde todos puedan verlo. Los niños pueden ayudar a preparar la cena cuando estés ocupado. Después de comer, pídeles ayuda con los platos. La limpieza es parte de la comida familiar.

- Los adolescentes que comen con la familia a la hora de la cena consumen menos tabaco, alcohol y drogas.

- La comida familiar es igualmente importante en las familias donde sólo hay uno de los padres. Si eres una madre soltera o un padre soltero, comparte la cena con tu hijo al menos unas veces por semana.

- La comida familiar es un momento que pueden aprovechar para conversar y apoyarse entre sí, y para hablar sobre las actividades diarias. Es un momento para compartir ideas, pensamientos y sentimientos. Hablen sobre:

  - Alimentos saludables

  - Cómo elegir bien

  - Por qué el elegir alimentos saludables es bueno para el cuerpo y la mente

- Los niños aprenden a cuidarse cuando ayudan a comprar alimentos, a cocinar y a limpiar después de comer.

- Mirando a los adultos, los niños aprenden a tener buenos modales, y a elegir alimentos saludables y porciones pequeñas.
- Los niños pueden aprender a vertir, sacar con cuchara, servir, compartir y turnarse mientras preparan la comida familiar.

¿Qué puedo hacer?

- Permite que tus hijos ayuden a preparar la comida familiar. Aprovecha este momento para hablar y escuchar a tus hijos.
- Sírveles a todos la misma comida saludable. No le sirvas a tu hijo una comida saludable y al resto una comida que no sea saludable. Tu hijo con sobrepeso podría sentir que lo estás castigando.
- Trata de no servir alimentos que tengan mucha azúcar. Está bien comer una galleta o un bocado de pastel de vez en cuando.
- Haz que tu hijo coma en la mesa. A los niños menores de 5 años les puede costar quedarse sentados durante mucho tiempo en la mesa. Planifica comidas más cortas.
- Prepara la comida con tiempo para reducir el trabajo a la hora de la cena. Cocina durante el fin de semana. Cocina comidas que puedas congelar. Cocina comidas para la semana con anticipación.
- Apaga la televisión y la radio durante la comida familiar.
- Planea la comida familiar cuando todos puedan estar sentados en la mesa. Hay muchas formas de programar una comida familiar. Puedes planear un picnic. Una

comida en un restaurante. Coman juntos. Lo importante es reunir a toda la familia.

- Asegúrate de que todos los niños de la familia tengan la oportunidad de hablar y compartir durante la comida familiar. No dejes que uno solo acapare toda la conversación.

- Habla con tus hijos durante la comida familiar. Puedes hablar sobre estas cosas:

  - Qué pasó durante el día

  - Los alimentos saludables

  - Cuándo será la comida del día siguiente

  - Las cosas que más disfrutan hacer juntos en familia

  - Las cosas que menos disfrutan hacer juntos en familia

  - Los planes para el fin de semana

  - Un libro que alguien de la familia esté leyendo

  - La escuela, maestros y tareas escolares. Averigua si tus hijos necesitan ayuda con sus tareas escolares.

- Anota los horarios de las comidas familiares en un calendario o colócalos en el refrigerador para que todos sepan la hora de la comida familiar. Trata de que las comidas sean a la misma hora todas las noches. Haz que la familia sepa la hora de la cena.

- Trata de reunir a todos los niños a comer a la misma hora.

- Haz que la comida familiar sea entretenida preparando comidas divertidas. Para la cena, haz que preparen sus propios tacos o burritos. Para el desayuno, corta el pan

Las comidas familiares

tostado o los panqueques en formas graciosas con moldes para cortar galletas. Haz caritas graciosas en los panqueques con frutas y crema batida semidescremada.

- Habla con tus hijos. Escúchalos mientras te cuentan cómo les fue en el día. Trata de no enojarte ni discutir durante la comida familiar.

- Mantén las comidas simples y fáciles.

- Pídeles a todos los integrantes de la familia que participen en la comida familiar. Pueden comprar los alimentos, cocinar y limpiar después de comer.

- Apaga la televisión, la radio o la música durante la comida familiar. Haz que la comida familiar sea un momento para conversar entre todos.

- No uses la comida como recompensa por hacer algo bueno.

- Los niños sólo deben comer cuando tengan hambre. No se les debe decir a los niños que "se tienen que comer toda la comida".

- Haz que coman un poco de cada grupo de alimentos.

- La comida familiar es un buen momento para que tus hijos prueben nuevos alimentos saludables. Habla sobre los nuevos alimentos y explícales por qué son saludables.

- Coman en familia aunque sólo uno de los padres o 1 ó 2 de los hijos puedan estar en casa a la hora de la cena.

¿Cuándo debo buscar ayuda?

- Si en tu familia no comen juntos.
- Si la familia está demasiado ocupada para que coman juntos.
- Si hay peleas familiares a la hora de la comida.
- Si se practican deportes a la hora de la cena. Habla con el entrenador.
- Si las actividades o reuniones escolares se desarrollan a la hora de la cena. Habla con la maestra de tu hijo.

Cuánto comer

¿De qué se trata?

Una porción es cuánto comes de cada alimento cada vez. También se le puede decir "ración".

¿Lo sabías?

- Comer la porción del tamaño adecuado ayuda a que tu familia coma la cantidad adecuada de alimentos cada día. Tu familia comerá lo suficiente, y no comerá demasiados alimentos.

- La cantidad que comas ahora puede no ser la misma que el tamaño de la porción que se indica en la etiqueta de información nutricional. Esta cantidad puede ser demasiado para ser una porción saludable.

- Lee la etiqueta de información nutricional de la caja, lata o botella para saber cuánto contiene una porción individual.

- Con algunos alimentos, puedes comer más de una porción en una comida. Puedes comer más de una porción a la vez de frutas, verduras y cereales integrales.

Cuánto comer

- Para que te des una idea de cuánto contiene una sola porción, piensa en cuánto entraría en la palma de tu mano. Sólo usa este método para las frutas, verduras y proteínas. No lo uses para los carbohidratos, las grasas y los dulces.
- A continuación verás una simple guía para saber cuánto contiene una porción individual.

Una sola porción de este alimento...	...tiene casi el mismo tamaño que...
1 rebanada de pan integral	una caja de CD
1 taza de pasta o arroz	una pelota de tenis
1 papa mediana	un ratón de computadora
2 cucharadas de mantequilla de cacahuate	una pelota de golf
3 onzas de carne sin grasa cocida	un mazo de cartas
3 onzas de pescado	un teléfono celular
1 cucharadita de mantequilla	un dado
1 cucharadita de mayonesa o aderezo	la punta del pulgar
1 taza de frutas o verduras	una pelota de béisbol
1 onza de nueces	una pelota de ping-pong

¿Qué puedo hacer?

- Mide las porciones antes de servírselas a tu hijo. Coloca la comida en un plato o en un tazón. No dejes que tus hijos coman de una bolsa o caja. Si lo hacen, no sabrán cuánto están comiendo. Esto puede hacer que coman más que una sola porción.

- Si salen a comer, compartan las comidas. No pidas una comida de tamaño extra grande. Corta las porciones grandes en dos y pide las bolsas o cajas "para llevar". Lee el capítulo sobre "Los restaurantes" en la página 156 para ver más ideas. También lee el capítulo "La comida rápida" en la página 111.

- Usa platos más pequeños cuando coman en casa. Un plato grande con porciones pequeñas puede hacerles sentir a los niños que no están recibiendo suficiente comida. Un plato más pequeño que esté lleno les hará sentir a los niños que tienen una comida completa.

- Si tu hijo pide más porciones, primero ofrécele más frutas y verduras.

- Pídele a tu hijo que te ayude a pensar en otras cosas que tengan el mismo tamaño que las porciones. Usa cosas que tus hijos usen todos los días, como un iPod, un jabón, una barra de goma de mascar, el puño y la palma de sus manos.

¿Cuándo debo buscar ayuda?

- Si no estás seguro de cuánta comida debe comer tu hijo.
- Si tu hijo siempre se queda con hambre después de comer la porción del tamaño adecuado.
- Si no entiendes las etiquetas de los alimentos o los tamaños de las porciones.
- Si tu hijo te discute sobre cuánto puede comer.
- Si tu hijo esconde comida para comerla después.
- Si tu hijo se lleva más comida cuando no estás mirando.

- Un alimento con mucha fibra tiene 5 g o más de fibra por porción. Esta etiqueta te dice que no hay fibra en una porción. Trata de elegir alimentos que tengan al menos 2 gramos de fibra por porción.

- El azúcar que indica la etiqueta es el azúcar que contiene el alimento y que se le agrega al alimento. Lee la lista de ingredientes para ver si tiene azúcar agregado. Elige alimentos que tengan poca azúcar. Esta etiqueta te dice que hay 5 g de azúcar en una porción. Trata de elegir alimentos que tengan 8 g o menos de azúcar por porción.

- **Protein (Proteínas).** Te dice cuántas proteínas hay en cada porción. Los niños necesitan entre 46 y 52 gramos de proteínas por día. Elige alimentos que tengan poca grasa, como el pescado, la carne sin grasa de pollo y pavo, y la carne sin grasa de cerdo y de res. El tofu es una buena fuente de proteínas. Las legumbres, las frutas secas, las semillas y los huevos también tienen proteínas. Esta etiqueta te dice que hay 5 g de proteínas en una porción.

- **Nutrients (Nutrientes).** Esta etiqueta te dice que el alimento contiene vitamina A, vitamina C, calcio y hierro.

¿Qué puedo hacer?

- Usa la etiqueta de información nutricional cuando planifiques las comidas.

- Usa la etiqueta de información nutricional cuando hagas las compras.

- Usa la etiqueta de información nutricional cuando cocines.

La etiqueta de información nutricional

- Usa la etiqueta de información nutricional para saber qué porción debes servirle a tu hijo.

- Mira el tamaño de la porción que figura en la caja, la lata o el paquete de alimento.

- Controla el número de porciones por envase de la etiqueta de información nutricional. Asegúrate de que tú y tus hijos sepan cuánto contiene una porción antes de comerla.

  - Algunos envases tienen muchas porciones. El cereal y el helado tienen muchas porciones.

  - Algunos envases sólo tienen una porción. Una taza de yogur pequeña de 8 onzas tiene una porción.

- Usa la información de la etiqueta de información nutricional para saber cuánto come tu hijo por día. La etiqueta de información nutricional te ayudará a medir:

  - Calorías
  - Sodio (sal)
  - Fibra
  - Grasa
  - Azúcar
  - Proteínas

- Lee la etiqueta de información nutricional con tu hijo. Esto ayudará a que tu hijo aprenda a elegir bien los alimentos.

¿Cuándo debo buscar ayuda?

- Si no estás seguro de cómo interpretar la etiqueta de información nutricional.

- Si no estás seguro de qué cantidad de cada uno de los nutrientes de la etiqueta debería consumir tu hijo por día.

- Cuéntale a tu médico o enfermera lo que come tu hijo todos los días. Pregúntale si esa es la mejor dieta para tu hijo.

Los alimentos para un niño con sobrepeso

4

Apuntes

_____

_____

_____

_____

_____

_____

_____

_____

_____

_____

_____

_____

_____

El desayuno

¿De qué se trata?

El desayuno es la primera comida del día. El desayuno es la comida más importante del día.

¿Lo sabías?

- Un desayuno saludable ayudará a que tu hijo:
  - Tenga un mejor desempeño en la escuela
  - Preste atención en la escuela y haga sus deberes
  - Tenga más energía
  - No tenga hambre antes del almuerzo
  - Mantenga un peso saludable
- Los niños que desayunan bien son menos propensos a tener sobrepeso.
- Los niños que desayunan bien son menos propensos a tener diabetes.
- Algunas escuelas ofrecen desayunos gratuitos o por poco dinero. Consulta en la escuela de tu hijo.
- Hay muchas opciones para un buen desayuno:
  - La avena es una buena opción integral. La avena instantánea es tan

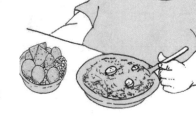

buena como la que debe cocinarse en una olla. No compres avena instantánea que ya venga con azúcar. Asegúrate de leer la etiqueta. Para que la avena común tenga mejor sabor, agrégale:

- Frutas como pasas de uva, platanos, bayas
- Leche descremada o semidescremada
- Canela
- Granola

- Los huevos. También puedes comprar las claras de huevo que vienen en envases de cartón listas para servir y cocinar. Las claras de huevo tienen menos grasa y calorías que los huevos enteros. Agrega verduras a los huevos revueltos. Un poco de queso les dará mejor sabor. Sírvelos con una tostada de trigo integral o una tortilla de trigo integral.

- El cereal. No compres cereales que tengan mucha azúcar. Muchos cereales tienen tanta azúcar como una dona o una golosina. Busca cereal que tenga 5 gramos o menos de azúcar por porción. Elige cereal que tenga al menos 2 gramos de fibra por porción. Agrega frutas al cereal para que tenga mejor sabor. Usa leche descremada o semidescremada.

- Los burritos para el desayuno. Revuelve huevos con pimientos y agrega frijoles y un poco de queso descremado o semidescremado. Usa una tortilla de trigo integral. No frías la tortilla.

- Los panqueques o waffles. Elige waffles congelados que sean integrales. Puedes calentarlos en la tostadora.

Agrega frutas como arándanos o fresas a la mezcla para panqueques antes de cocinarlos.

- La dona de pan (bagel). Elige donas integrales y usa queso descremado o semidescremado.

- El yogur y la fruta. A los niños les gusta agarrar la comida con la mano y mojarla en salsas. Elige yogur descremado o semidescremado para usarlo como salsa. Usa frutas de diferentes colores, como:

  - Fresas
  - Arándanos
  - Kiwis
  - Mangos
  - Piñas
  - Peras
  - Rodajas de manzana con cáscara

- Trata de agregar granola sin grasa o con bajo contenido en grasa al yogur. Esto hará que quede crujiente y sabroso. La granola es una buena opción de cereal. Elige granola que no tenga mucha azúcar.

- Licuados. Coloca fruta, yogur natural descremado o semidescremado, leche descremada o semidescremada y un poco de jugo en una licuadora. Las frutas congeladas son buenas para hacer licuados. No uses frutas cítricas como naranjas, toronjas ni limones en los licuados porque no se muelen bien en una licuadora. Los platanos, las bayas y los duraznos son buenas opciones. Tu hijo puede beber uno de estos licuados cuando va en camino a la escuela.

- Éstas son algunas de las opciones que no son tan buenas. **Evita estos alimentos:**

  - Las donas y pasteles. Las donas, los rollitos de canela, las tostadas dulces rellenas, el pan dulce, el pastel "Coffee Cake" y otras cosas dulces de panadería contienen mucha grasa y azúcar. Estas tienen muchas calorías y casi nada de nutrientes.

  - El tocino, las salchichas y el chorizo tienen mucha sal y grasa. Para el desayuno, elige otras carnes como salchichas de pavo o productos a base de soya. Haz que sean una pequeña parte del desayuno.

  - Cualquier alimento que se cocine con mucho aceite, grasa de tocino o mantequilla. Usa aceite en aerosol para que los alimentos no se peguen al sartén. El aceite en aerosol tiene menos grasa que el aceite líquido, la grasa o la mantequilla.

- La leche entera. Usa leche descremada o semidescremada. La leche que tiene poca grasa tiene las mismas vitaminas y los mismos nutrientes.

- Los alimentos congelados para el desayuno pueden tener mucha cantidad de grasa, azúcar, calorías y sodio. No compres sándwiches, burritos ni pasteles azucarados con glaseado para el desayuno.

¿Qué puedo hacer?

- Haz que el desayuno sea una comida saludable.
- Ayuda a tus hijos a elegir alimentos que sean saludables.

¿Cuándo debo buscar ayuda?

- Si tu hijo con sobrepeso no quiere desayunar.

El almuerzo

¿De qué se trata?

El almuerzo es la comida que tu hijo come alrededor de las 12 del mediodía. Es la comida que se come entre el desayuno y la cena. Durante la semana, es posible que tu hijo almuerce en la escuela. Los niños más pequeños almuerzan en su casa, en la guardería o en el preescolar.

¿Lo sabías?

- Los niños necesitan un almuerzo saludable. No es saludable evitar el almuerzo para tratar de bajar de peso.

- El almuerzo le dará a tu hijo la energía que necesita hasta que llegue la hora de la merienda o cena.

- El almuerzo debe prepararse con alimentos que tengan nutrientes para una buena salud.

- El comer de forma saludable te costará menos que comer comida chatarra. Un sándwich puede costar menos que la comida chatarra. Un sándwich es una mejor opción que una barra de chocolate o papas fritas.

- Los jugos de frutas y los refrescos tienen mucha cantidad de azúcar y calorías. La leche semidescremada o el agua son mejores opciones para los niños.

El almuerzo

¿Qué puedo hacer?

- Compra los ingredientes para el almuerzo en el supermercado.

- He aquí algunos alimentos saludables que puedes comprar para el almuerzo:

  - Pan integral para hacer sándwiches

  - Mantequilla de cacahuate **si tu hijo no es alérgico a los cacahuates.** Algunas escuelas no permiten llevar mantequilla de cacahuate a la escuela.

  - Frutas y verduras frescas

  - Atún

  - Tomates

  - Carne de res sin grasa

  - Carne de pavo sin grasa

- Haz que los niños pequeños se acostumbren a los alimentos saludables como las frutas y verduras.

- No les des a tus hijos alimentos que tengan muchas calorías o grasas como los dulces, pasteles, galletas o mantecadas.

- Prepara los almuerzos la noche anterior para que estén listos para llevar a la escuela.

- Coloca en el refrigerador las cosas que deban mantenerse frías. Usa loncheras térmicas o bolsas con bolsitas de hielo o paquetes de gel congelados.

- Sirve postres saludables como frutas frescas. Las uvas, el melón o las rodajas de manzana son mejores opciones que las barras de chocolate o las galletas.

- Lleva a tus hijos de compras. Permíteles elegir algunos de sus propios alimentos saludables. Tus hijos pueden elegir las frutas o verduras que quieran. A los niños les gustará comer lo que han elegido.

- Agrega lechuga y tomate a los sándwiches. Esto ayudará a que tu hijo se llene con alimentos saludables.

- Presta atención al tamaño de las porciones. Debes darle a tu hijo un solo sándwich y un postre saludable No le des dulces ni postres grasosos.

- No compres almuerzos que ya vienen "preparados o precocinados" en el supermercado. Estos almuerzos tienen muchas calorías y sal.

- La leche semidescremada y el agua son buenas opciones para beber. No le des a tu hijo leche chocolatada, jugo de frutas, bebidas frutales, bebidas azucaradas ni refrescos.

- Haz que los niños hagan listas de todos los alimentos que les gustan de cada grupo de alimentos: frutas, verduras, cereales integrales, lácteos y proteínas.

  - Coloca esta lista donde todos puedan verla.

- ■ Diles a tus hijos que elijan al menos un alimento de la lista cada día.

- ■ Es más probable que los niños coman los alimentos que elijan.

- ■ Muestra tu entusiasmo cuando tu hijo coma un almuerzo saludable.

- Sirve el almuerzo casi a la misma hora todos los días. Esto ayuda a que los niños se acostumbren a comer a horarios regulares.

- No obligues a tus hijos a que se terminen toda la comida en el plato. Está bien que dejen algo de comida.

- No uses la comida como una forma de demostrar amor.

- No uses la comida para que tus hijos hagan lo que tú quieres que hagan.

- Dale a tu hijo cosas nuevas y saludables para comer. Esto hará que comer sea divertido.

- Prepara el almuerzo con sobras de comida. Puede ser saludable y puedes ahorrar dinero.

- A muchos niños les gusta mojar la comida en aderezos o salsas en el almuerzo. Usa una tacita con tapa para guardar mantequilla de cacahuate o un aderezo con bajo contenido en grasa para que mojen las verduras. Esto hará que la comida sea divertida y saludable. Sólo puedes darle mantequilla de cacahuate a tu hijo si no es alérgico a los cacahuates.

¿Cuándo debo buscar ayuda?

- Si tu hijo con sobrepeso no quiere comer alimentos saludables. Visita a tu médico o enfermera, a la maestra o al consejero de la escuela.

- Si tu hijo delgado no come de forma saludable.

- Si crees que tus hijos no están comiendo de forma saludable.

- Si tu hijo con sobrepeso come todo el día.

- Si descubres que tu hijo con sobrepeso cambia su almuerzo saludable por malos bocadillos o botanas en la escuela.

- Si tu hijo discute contigo acerca de lo que va a llevar a la escuela para el almuerzo.

El almuerzo escolar

¿De qué se trata?

El almuerzo escolar es la comida que comerá tu hijo cuando no esté en casa. Un almuerzo saludable ayudará a tu hijo a que le vaya bien en la escuela.

¿Lo sabías?

- Puede ser difícil mantener el calor de las comidas calientes y el frío de las comidas frías.

- Es importante mantener calientes las comidas calientes y frías las comidas frías para que no se contaminen con gérmenes que podrían enfermar a tus hijos.

- Busca una lonchera que pueda mantener el frío y el calor de los alimentos. Lávala con agua caliente, y jabon cuando tu hijo la traiga a casa.

- Los alimentos fríos como la carne, la mayonesa, el queso, la leche y los huevos se deben mantener a 40 grados Fahrenheit o menos.

- Pregunta si hay algún refrigerador en la escuela donde tu hijo pueda guardar su almuerzo.

- Algunas escuelas ofrecen almuerzos gratuitos o por poco dinero. Consulta en la escuela de tu hijo.

- Para los alimentos fríos, coloca un paquete de gel congelado en la lonchera de tu hijo.

  - Un paquete de gel es una bolsa sellada que contiene gel y que puedes congelar durante la noche.

  - El paquete de gel congelado mantendrá los alimentos frescos.

  - Asegúrate de decirle a tu hijo que la traiga de nuevo a casa todas las noches.

  - Vuelve a colocarla en el freezer por la noche para que esté lista para usar a la mañana siguiente.

- Congela una pequeña botella de agua o cajita de jugo durante la noche. Se descongelará para la hora del almuerzo y así tu hijo podrá beber el agua o jugo fresco. Elige un jugo que sea 100% jugo de frutas sin azúcar agregado.

- Para las comidas calientes, prueba con un recipiente térmico. Pregunta si tu hijo puede calentar la comida en un microondas en la escuela. Esto te dará más opciones para el almuerzo de tu hijo.

- Elige alimentos de cada uno de los cinco grupos básicos de alimentos: verduras, frutas, cereales integrales, lácteos y proteínas.

- Los aceites también son un grupo de alimentos, pero sólo necesitas un poco por día. Obtendrás aceite de otros alimentos saludables que comas.

- Si puedes, elige alimentos diferentes cada día para que tus hijos no se aburran e intercambien su comida por alimentos menos saludables en la escuela. Habla con tus hijos y pregúntales qué comieron. A veces, a los niños les gusta comer lo mismo todos los días. No hay problema en que lo hagan por un tiempo siempre y cuando la comida sea saludable.

- Puedes usar la comida que sobró de la cena para que tu hijo la lleve como almuerzo a la escuela.

- Elige alimentos saludables de cada grupo de alimentos para el almuerzo.

Los cereales integrales

- Usa pan integral para preparar sándwiches. Para que sean más divertidos, córtalos en formas graciosas con un molde para cortar galletas.

- Para hacer un sándwich, usa mini donas integrales en lugar de pan.

- Coloca rebanadas de carne sin grasa y queso semidescremado en una tortilla de trigo integral. Enróllala y córtala en trozos pequeños. Algunas opciones buenas de carne sin grasa son: pavo, pollo y carne de res sin grasa. Agrega hummus o salsa.

- Usa pan pita integral. El pan pita tiene un bolsillo que puedes rellenar. Prepara un relleno de ensalada de atún. Compra atún enlatado envasado

en agua. Usa mayonesa sin grasa, y apio y pimientos picados. Agrégale tomate para que sea un sándwich de atún saludable.

- Prepara un sándwich saludable con mantequilla de cacahuate, mantequilla de castañas de cajú o mantequilla de almendras y mermelada 100% de fruta en pan integral o en un pan de pita.

- **No uses mantequilla de cacahuate, mantequilla de castañas de anacardo ni mantequilla de almendras si tu hijo tiene alergia a las nueces.**

- Incluye algunas galletas saladas integrales o pretzels con queso semidescremado. Ésta es una buena opción para comer algo crujiente y un poco salado en lugar de papas fritas.

- Mezcla arroz integral, pasta integral o cuscús con verduras picadas como pepinos, pimientos y tomates.

Las verduras

- Las zanahorias bebé, ramitas de apio y judías verdes (ejotes). Incluye una salsa como hummus, yogur semidescremado o descremado, o pasta de frijoles.

- Las ensaladas.
  - Puedes envasar ensalada en un pequeño recipiente de plástico con tapa a presión.
  - Elige verduras de color verde oscuro como espinaca o lechuga romana.

- Agrégale rodajas de pepino, brócoli crudo, zanahoria rallada, tomates cherry o rodajas de tomates y otras verduras o frutas que a tu hijo le gusten.

- Empaca el aderezo por separado para que la ensalada no se empape. Usa aderezos sin grasa o con bajo contenido en grasa.

- Empaca un tenedor de plástico.

- Ralla o pica las verduras en pequeños trozos y mézclalos con muchos otros alimentos.

- Pica pimientos, apio y otras verduras crujientes con ensalada de atún o de pollo.

- Cocina al vapor verduras como brócoli y coliflor y colócalas en una licuadora, o simplemente machácalas con un tenedor. Luego puedes agregarlas a la salsa de tomate para acompañar las pastas.

- Agrega lechuga morada, rodajas de tomate y rodajas finas de pepino a los sándwiches.

- La sopa de verduras es buena para los días fríos. Si tu hijo no puede calentarla en la escuela, envásala en un termo por la mañana. Asegúrate de lavar el termo con agua caliente y jabon todas las noches.

El almuerzo escolar

Las frutas

- Los platanos. Medio platano puede ser suficiente para un niño pequeño.

- Las manzanas, enteras o en rodajas. Para las rodajas de manzanas, prueba mojarlas en yogur de vainilla semidescremado o descremado. Siempre déjales la cáscara. La cáscara tiene fibra y vitaminas.

- Agrega bayas al yogur. Los arándanos, fresas, moras y frambuesas son buenas opciones.

- El puré de manzana. Puedes comprar envases de porciones individuales. Elige los que no tengan azúcar agregado.

- Es divertido pelar las naranjas y cortarlas en gajos. Si tu hijo no tiene demasiado tiempo para almorzar, pela una antes de colocarla en el almuerzo.

- Las pasas de uva son una buena opción y vienen en cajas que caben en las loncheras.

- Las rodajas de manzana o pera con rebanadas de queso semidescremado. Ésta es una buena opción para los niños que tienen los dientes flojos.

- Las uvas y cerezas son divertidas y fáciles de comer. No le des frutas con semillas a los niños menores de 5 años. Por ejemplo, las cerezas, melocotones y dátiles.

Los productos lácteos

- Elige leche que en la etiqueta diga reducida en grasa (reduced fat), semidescremada (low-fat), bajo contenido en grasa (skim), descremada (non-fat) o sin grasa (fat-free).

- El queso es parte del grupo de alimentos lácteos. Coloca rebanadas de queso semidescremado o descremado en los sándwiches. El queso en tiras es una buena opción para la lonchera.

- Elige yogur que en la etiqueta diga descremado (non-fat) o semidescremado (low-fat).

- Un poco de yogur congelado de vez en cuando es una buena opción para el postre. Asegúrate de que sea descremado o semidescremado. Controla la cantidad de azúcar que hay en cada porción.

Las carnes y legumbres

- Elige carnes que no tengan mucha grasa visible. Las rebanadas de pavo, carne de res sin grasa o pollo son buenas opciones. Sírvelas en sándwiches de pan integral. Enrolla una rebanada de carne con una rebanada fina de queso semidescremado.

- Corta rebanadas finas de las carnes que sobraron de la cena, como asados de res, pollos enteros o pavo para hacer sándwiches. Asegúrate de sacarles la grasa.

- Pica la carne de pavo o pollo que sobró de la cena y prepara una ensalada de pollo o un sándwich de ensalada de pavo. Prepara la ensalada de pavo o pollo con un poco de mayonesa o mostaza sin grasa.

- Los huevos pertenecen al grupo de carne y legumbres. Hierve un huevo para el almuerzo.

- Usa frutas secas y semillas. Las nueces y almendras son buenos bocadillos para los recreos y como merienda después de la escuela. **No le des frutas secas a tu hijo si tiene alergia a las frutas secas.**

- Es divertido comer semillas de girasol y de calabaza. Agrega almendras o cacahuates molidos al yogur.

- Agrega nueces, castañas de cajú o nueces de pecán a las ensaladas.

- También puedes usar mantequilla de cacahuate en los sándwiches. Para variar, agrega puré de platano al sándwich. Unta mantequilla de cacahuate en trozos de apio o en rodajas de manzana.

- **No le des mantequilla de cacahuate a tu hijo si tiene alergia a las frutas secas.**

- Usa frijoles pinto o negros y carne sin grasa de pollo o pavo para preparar un burrito.

- Prepara chile con carne molida de pavo sin grasa o de res. (Si usas carne sin grasa de res molida, escurre la grasa que quede después de cocinarla). Agrégale frijoles rojos, frijoles pintos, frijoles negros o frijoles blancos. Sírvelos cubiertos con un poco de queso rallado. Mezcla con un poco de crema agria descremada o semidescremada.

- Las hamburguesas vegetarianas son buenas opciones en este grupo de alimentos. Sírvelas en un panecillo inglés tostado untado con hummus.

¿Qué puedo hacer?

- Asegúrate de que tus hijos coman lo que les pones en el almuerzo.

- Permíteles que elijan la comida que llevarán para el almuerzo.

- Si a tus hijos no les gusta lo que tú empacas, es posible que lo tiren a la basura, que lo intercambien con alguien por comida menos saludable o que coman alimentos menos saludables de la cafetería. Habla con tus hijos después de la escuela. Pregúntales qué comieron. Pregúntales qué les gustó. Pídeles ideas sobre cómo hacer para que sus almuerzos sean más sabrosos y saludables.

¿Cuándo debo buscar ayuda?

- Si tu hijo no come su almuerzo. Consulta a un nutricionista para pedirle ideas. Las escuelas generalmente tienen un nutricionista que puede darte ideas. Consulta a tu médico o enfermera.

Las bebidas saludables

¿De qué se trata?

Las bebidas saludables son los líquidos saludables que toman los bebés y niños. Las bebidas saludables no tienen mucha azúcar. Estas bebidas son mejores opciones que los refrescos azucarados y los jugos de frutas que tienen mucha azúcar agregado.

¿Lo sabías?

- Algunas bebidas como el jugo tienen mucha azúcar. No son buenas para la salud de tu hijo. Podrían hacer que tu hijo tenga sobrepeso. Si bebes jugo de frutas, asegúrate de que diga "100% jugo de frutas" ("100% fruit juice"). Agrégale un poco de agua al jugo. Sólo sirve un poco en un vaso pequeño. En lugar de jugo, sería mejor que les des frutas enteras a tus hijos.

- El ponche de frutas es malo para los niños. Contiene mucha azúcar. Algunos se llaman bebidas frutales. El ponche de frutas y las bebidas frutales no son buenas opciones para tu hijo.

- El agua es muy buena para los niños mayores de 1 año.

- Los bebés menores de 1 año también pueden beber agua. Si toman el pecho (lactan) o toman fórmula, no necesitan agua. Dale agua a un bebé sólo si hace mucha calor afuera y te parece que el bebé necesita más agua.

- Es posible que el agua de la llave tenga florudo. El florudo le ayudará a los dientes de tu hijo. Aunque no puedas ver el florudo, es probable que esté en el agua. El agua embotellada no contiene florudo a menos que lo diga la etiqueta de la botella.

- No les des refrescos (gaseosas) a los niños. Estos no son buenos para los niños. Contienen mucha azúcar y pueden hacer que tu hijo tenga sobrepeso. Los refrescos dañan los dientes de los niños.

¿Qué puedo hacer?

- Algunas opciones saludables para beber son:

La leche

- La leche materna es lo mejor que pueden tomar los bebés durante los primeros 12 meses.

- Desde el nacimiento hasta los 12 meses, los bebés deben tomar leche materna o fórmula. No deben tomar la leche que se vende en los supermercados ni otros líquidos como jugo o refresco.

- Algunas mamás no pueden quedarse en casa para darle el pecho a su bebé. Si no puedes quedarte en casa, puedes sacarte la leche y guardarla en biberones para dársela después a tu bebé. Pídele a tu médico o enfermera que te enseñe a sacarte la leche. Puedes comprar o alquilar una bomba sacaleches.

- A un año de vida, la leche entera es la mejor bebida para tu hijo. Puedes comprar leche entera en el supermercado.

Las bebidas saludables

- A los 2 años, deja de darle leche entera a tu hijo. A los 2 años, tu hijo puede tomar leche semidescremada. Puedes comenzar con leche descremada antes de los 2 años si crees que tu hijo tiene sobrepeso.

Agua

- A un año de vida, los niños pueden comenzar a tomar agua.

- El agua de la llave del fregadero es segura para beber en casi todas partes. Consulta si en tu ciudad es seguro beber el agua de la llave.

- Puedes poner agua de la llave en el refrigerador para que se enfríe. Es posible que el agua fría le guste más a tu hijo.

- Los niños necesitan más agua cuando hace calor afuera y juegan mucho y sudan.

- Muchos alimentos contienen agua como las uvas, los melocotones, las sandías y las naranjas. Es bueno que los niños coman estas frutas porque les aportan agua al cuerpo.

Refrescos (gaseosas) y jugo de frutas

- No les des refrescos a los niños. Si le das un refresco a un niño, debería ser un refresco dietético o "light". Los refrescos comunes tiene alrededor de 10 cucharadas de azúcar o más. Podrían hacer que tu hijo tenga sobrepeso.

- El jugo de frutas debe ser 100% jugo natural sin azúcar agregado. Si le das a tu hijo jugo que no sea 100% natural, mezcla la mitad de agua con la mitad de jugo.

- Si le das jugo o refrescos a tu hijo, debe ser sólo un poco y no muy seguido. Los niños pueden tomar jugo o refrescos en las vacaciones o de vez en cuando.

¿Cuándo debo buscar ayuda?

- Si dejas de dar el pecho (amamantar). Consulta a tu médico o enfermera qué deberías hacer.

- Si no sabes cómo sacarte leche.

- Si necesitas comprar o alquilar una bomba sacaleches. Pregúntale a tu médico o enfermera cómo guardar la leche materna y cómo calentarla después de sacarla del refrigerador. Pueden ayudarte o decirte dónde buscar ayuda.

- Si tu hijo no toma agua y sólo quiere jugo o refrescos. Habla con tu médico o enfermera sobre qué puedes hacer.

Los bocadillos

¿De qué se trata?

Los bocadillos (meriendas o refrigerios) son pequeñas cantidades de alimentos que tu hijo come entre las comidas y antes de la hora de acostarse. Un bocadillo saludable es un alimento que contiene nutrientes que son buenos para la salud de tu hijo.

¿Lo sabías?

- Los buenos bocadillos le darán a tu hijo energía durante el día.

- Los bocadillos pueden ayudarte a sentirte lleno y a no tener tanta hambre antes de la comida.

- Los bocadillos pueden ser saludables.

- Los bocadillos saludables le aportarán vitaminas y minerales a tu hijo con sobrepeso.

- No debes darles a tus hijos bocadillos como dulces, pasteles, papas fritas y galletas todos los días. Úsalos de vez en cuando para darles un gusto especial. Cuando lo hagas, sólo dales una pequeña cantidad.

- La mayoría de las máquinas de golosinas no tienen bocadillos saludables. Si no hay otra opción, elige cosas como pretzels, galletas de higo Fig Newton, frutas, cualquier clase nuez, yogur o cualquier otra cosa que tenga poca grasa. No elijas bocadillos fritos ni papas fritas.

Los bocadillos

- Las bebidas dulces como los refrescos o los jugos no son saludables. Lo mejor es tomar agua. El jugo contiene mucha azúcar y no es saludable a menos que sea 100% jugo natural.

- Elige bocadillos saludables como parte del plan de comidas del día.

- No permitas los bocadillos 2 horas antes de las comidas.

- Cuando vayan de compras, permite que tus hijos elijan bocadillos como queso, frutas y verduras. Déjalos que te ayuden a elegir los bocadillos que les gusta. Aprovecha este momento para enseñarles cuáles son los bocadillos saludables.

- Coloca los bocadillos saludables en el mismo lugar, donde ellos puedan alcanzarlos fácilmente. Guárdalos en el refrigerador o en una esquina de la alacena. Corta frutas y verduras y déjalas en un lugar del refrigerador que sea fácil de alcansar.

- A los niños debes darles bocadillos aproximadamente a la misma hora todos los días. Por ejemplo, cuando no hacen la siesta o a las 10 de la mañana y a las 3 de la tarde. Los niños se acostumbrarán a recibir un bocadillo a esas horas.

- Nunca uses un bocadillo como recompensa por haber hecho algo bien.

Los bocadillos

- Los niños no deben comer bocadillos sólo por hacer algo cuando están aburridos.

- Los niños necesitan bocadillos saludables para que no tengan tanta hambre entre las comidas.

- Los niños sólo deben comer un bocadillo cuando tienen hambre. Un bocadillo debe ser una sola cosa o una porción. No dejes que se convierta en una comida.

- Haz que los niños se sienten a la mesa para comer un bocadillo. No dejes que los niños den vueltas por la casa o jueguen mientras comen. No los dejes comer bocadillos mientras ven televisión. Es posible que coman mucho más de lo que deberían porque no están prestando atención.

- Algunos niños pueden enfermarse después de comer ciertos alimentos como los cacahuates o huevos. A esto se le llama "alergia alimentaria" o "alergia a los alimentos". Si tu hijo tiene una alergia alimentaria, no le des alimentos a los que es alérgico. No les des a los niños alimentos que contengan ingredientes a los que son alérgicos, como la mantequilla de cacahuate o panes elaborados con huevos o nueces. Los niños también pueden ser alérgicos a las fresas u otros alimentos.

- Los bocadillos pueden contener mucha sal. En la etiqueta, a la sal le dicen sodio (sodium).

- Algunos niños no quieren comer bocadillos. Es posible que dejen de necesitar bocadillos cuando crezcan. Esto está bien. Nunca obligues a tu hijo a comer un bocadillo si come 3 comidas saludables al día.

Los bocadillos

¿Qué puedo hacer?

- Prepara los bocadillos con anticipación. Los bocadillos deben ser fáciles de conseguir y estar listos para comer. Coloca una porción en una bolsa o envoltorio de plástico para que estén listos para comer a la hora de la merienda.

- La comida que sobra de la cena o del almuerzo puede ser un bocadillo saludable.

- Coloca un bocadillo extra en la lonchera de tu hijo para que lleve a la escuela. Así tus hijos podrán comer un bocadillo saludable después de la escuela o si van a la casa de un amigo.

- Casi todas las frutas son saludables. Las frutas son dulces y se pueden servir enteras, en rodajas, en cubos o en gajos. Las frutas enlatadas, congeladas y desecadas pueden ser saludables si no tienen azúcar agregado. Algunas frutas saludables son:

  - Manzanas
  - Bayas
  - Cerezas
  - Uvas
  - Kiwis
  - Mangos
  - Naranjas
  - Peras
  - Fresas
  - Albaricoques
  - Melones anaranjados
  - Toronjas
  - Melones verdes
  - Naranjas
  - Nectarinas
  - Duraznos
  - Ciruelas
  - Sandía

Los bocadillos

- El puré de manzana sin azúcar agregado es fácil de servir y es saludable.

- Las frutas secas no deben tener azúcar agregado.

- Es fácil congelar las uvas u otras bayas.

- Haz que los niños ayuden a preparar ensalada de frutas y que luego la dejen en el refrigerador. Usa todas clases de frutas de muchos colores. Coloca la ensalada de frutas en un tazón o en bolsas de plástico de porciones individuales.

- Las verduras también son saludables y se pueden servir crudas con una salsa. Algunas verduras saludables incluyen:

    - Palitos de zanahoria o zanahorias bebé

    - Brócoli

    - Coliflor

    - Ramitas de apio

    - Pepinos

    - Ejotes

    - Rodajas de tomate

- Las salsas deben tener poca grasa. Busca las salsas o los aderezos que se venden en el supermercado. Prepara una tu misma con yogur o mayonesa de bajo contenido en grasa.

- Los panes, cereales y muffins integrales son más saludables que los de otras clases. Elige los que tengan poca grasa y azúcar.

- El yogur puede ser una merienda saludable si es descremado o semidescremado. Hay muchas clases de yogur. Puede ser divertido comer yogur.

- Es saludable tomar agua.

- La leche semidescremada y la leche descremada también son opciones saludables. Vienen en cajas de porciones individuales o más grandes. Asegúrate de que tus hijos puedan servirse leche en un vaso o diles que pidan ayuda para servila.

- El jugo de frutas debe ser 100% jugo natural sin azúcar agregado. No les des a los niños jugo de frutas que tenga azúcar agregado y poca cantidad de frutas.

¿Cuándo debo buscar ayuda?

- Si tu hijo come demasiados bocadillos y no come a la hora de la comida.

- Si tu hijo sólo quiere bocadillos con azúcar como galletas y dulces.

- Si necesitas ideas sobre los bocadillos saludables. Consulta con el médico o a la enfermera. Consulta con la nutricionista de la escuela. Ella puede tener ideas para compartir contigo.

- Si tu hijo come pocas cantidades de comida durante todo el día.

- Si tu hijo sigue subiendo de peso.

La comida rápida

¿De qué se trata?

La comida rápida es la comida que consigues fuera de casa, que es barata y está lista para comer. Puedes comprarla sin siquiera bajarte del auto. La comida rápida huele bien, se sirve rápido y a veces es divertida para comer. Las hamburguesas, los tacos y el pollo frito son tipos de comida rápida.

¿Lo sabías?

- Comer en un restaurante de comida rápida no debe reemplazar comer en el hogar con la familia. La comida casera familiar sigue siendo el mejor tipo de comida.

- La comida rápida puede tener muchas calorías, sal y grasas malas.

  - Las papas fritas, los licuados con leche y la comida frita tienen mucha grasa.

- Los anuncios de comida que ven los niños muestran que es divertido comerla y que vienen con un premio para los niños. Las comidas infantiles frecuentemente vienen con un juguete.

La comida rápida

- Cuando los niños eligen comida en un restaurante, no piensan en la comida saludable. Ellos quieren lo que vieron en la televisión o lo que le contaron sus amigos.

- Las hamburguesas dobles con queso, las porciones extra grandes de papas fritas o las comidas de tamaño súper grande agregan calorías que tu hijo con sobrepeso no necesita.

- Muchos restaurantes de comida rápida ahora tienen opciones saludables en sus menús. Pregúntale a la persona que toma tu pedido acerca de las opciones saludables.

- Elige comidas que tengan pocas calorías y grasa.

- Controla la comida. ¿Cómo está cocida? ¿Cuántas calorías tiene? ¿Cuánta grasa tiene?

- Los niños que comen en restaurantes de comida rápida suelen comer comida rápida por el resto de sus vidas.

- Trata de no ir a restaurantes de comida rápida más de una vez por semana. Explícales a tus hijos por qué. Diles que no es para castigarlos. Es porque casi toda la comida que sirven no es buena para su salud.

- Fíjate qué contiene la comida infantil para ver si es saludable. Es posible que la comida para niños no sea tan saludable como la comida para adultos.

¿Qué puedo hacer?

- Trata de pedir comidas saludables en los restaurantes de comida rápida. No pidas comidas que tienen muchas calorías, grasas o sal. Pregunta cómo hacen la comida. Pide la hoja de información nutricional. Allí podrás ver las calorías, la grasa y otros datos sobre cada comida.

- No le agregues sal, salsa ni aderezos a la comida. Pide la comida sin salsa, o que te traigan la salsa aparte, para que puedas agregar una pequeña cantidad a la comida. Está bien agregar pequeñas cantidades de salsa de tomate y mostaza.

- Pide la comida que quieres como a ti te gusta. Si no quieres salsa ni agregados en tu comida, pídela así. La mayoría de los restaurantes te servirá la comida como tú la quieres.

- Pide un tamaño pequeño. Nunca pidas grande ni súper grande.

- Come despacio. Así comerás menos. Te darás cuenta cuando estés satisfecho.

- También pide el menú infantil para los niños más grandes porque el tamaño de la comida es más pequeño. Pide la mitad de una porción o haz que 2 niños compartan un plato.

- Fíjate qué contiene la comida infantil y asegúrate de que sea saludable. Las comidas infantiles que vienen con papas fritas no son saludables. Pídele a quien te atienda si puede darte el juguete, a veces te lo dan. Pregunta si pueden cambiarte las papas fritas por fruta o una ensalada.

- Toma agua. Puedes darte el gusto de vez en cuando y tomar un refresco dietético. La leche descremada o la leche semidescremada también son opciones saludables. No tomes jugo ni refresco regular.

La comida rápida

- Ten cuidado de no hacer que las opciones saludables se transformen en comida no saludable agregándole salsas o coberturas. Las manzanas son saludables, pero la salsa de caramelo no. Pídele a quien te atienda que no le ponga salsa o que se la saque.

- No vayas a los restaurantes donde puedas comer todo lo que quieras. A estos también se les llama restaurantes "buffet" o de "tenedor libre". En estos restaurantes no hay control de las porciones y la comida puede no ser saludable. Tu familia comerá demasiado porque hay muchas cosas para probar.

- Algunas formas de hacer que los restaurantes de comida rápida sean más saludables son:

  - Pide sándwiches de pan integral.

  - Pide ensalada con el aderezo aparte. Sólo usa la mitad del aderezo.

  - Pide una hamburguesa o un sándwich pequeño sin mayonesa, salsa ni queso.

  - Un sándwich de pollo asado a la parrilla es mejor que una hamburguesa.

  - Sólo come una rebanada de pan o la mitad de un panecillo.

  - No pidas nada que esté frito.

  - Si te sientes lleno y todavía no terminaste tu comida, lleva el resto a tu casa.

  - Usa aderezos con bajo contenido en grasa.

- Trata de no usar salsas.

- Pide en el restaurante que te den verduras o frutas en lugar de papas fritas. Muchas veces lo harán sin cobrar nada adicional.

- Lleva algunos alimentos saludables al restaurante y úsalos en lugar de las opciones no saludables. Si tu hijo tiene una hamburguesa, dale una manzana u otra fruta en lugar de papas fritas. Las zanahorias y el apio saben bien con una hamburguesa.

- Trata de no pedir postres. Si pides postres, compártelos con otro niño. Llévate un postre más saludable en lugar de comprar un postre en el restaurante.

¿Cuándo debo buscar ayuda?

- Si tu hijo con sobrepeso llora porque no puede comer papas fritas u otras comidas no saludables en un restaurante de comida rápida.

- Si tu hijo con sobrepeso sólo quiere comer en restaurantes de comida rápida.

Cómo tener un estilo de vida saludable

5

Apuntes

_____

_____

_____

_____

_____

_____

_____

_____

_____

_____

_____

_____

El ejercicio

¿De qué se trata?

Se trata de moverse, jugar y mantenerse activo.

¿Lo sabías?

- Todos deben moverse y hacer ejercicio.
- El ejercicio ayuda a que los niños crezcan con músculos y huesos fuertes.
- El ejercicio es una buena forma de mantener a tu hijo en un peso saludable.
- Hay 3 clases de ejercicio:
  - La clase que te hace sudar, respirar fuerte y acelera los latidos de tu corazón, como correr, patinar, nadar o jugar al básquetbol o al tenis.
  - La clase de ejercicio que fortalece los músculos, como flexiones de brazos, abdominales y levantar pesas.
  - La clase que te estira y hace que tu cuerpo pueda doblarse mejor, como yoga, estiramiento, danza o karate.
- Los niños deberían hacer en total por lo menos 1 hora de ejercicio por día.
- Éste es un plan para que un niño haga 1 hora de ejercicio por día:
  - Limpiar su propio dormitorio durante 10 minutos

- Montar en bicicleta durante 10 minutos
- Jugar al fútbol durante 20 minutos
- Sacar a pasear al perro con su papá durante 15 minutos
- Sacar la basura durante 5 minutos

- Hay muchas cosas que cuentan como ejercicio:
  - Jugar a "la roña" o a "pillarse"
  - Montar en bicicleta
  - Bailar
  - Jugar en los columpios y colgarse de las barras de los parques
  - Saltar la soga

- Los quehaceres domésticos también cuentan como ejercicio. Todas estas cosas cuentan como ejercicio:
  - Cortar el pasto
  - Ordenar y doblar la ropa
  - Barrer, quitar el polvo, pasar la aspiradora
  - Sacar la basura
  - Tender las camas

- Los niños que hacen ejercicio duermen mejor. Dormir bien hace que tu hijo aprenda mejor en la escuela.

- Los deportes son una excelente forma de que tu hijo haga ejercicio. Asegúrate de que un médico o una enfermera examinen a tu hijo antes de empezar un deporte.

- Si a tu hijo no le gusta participar en un equipo deportivo, haz que practique solo o con un amigo.

  - Juega a atrapar una pelota de béisbol o fútbol americano

  - Tira a la canasta en el parque

  - Corre y patea una pelota de fútbol

- A algunos niños les preocupa estar en un equipo y no jugar bien. Busca equipos que no compitan en ligas. Se concentran más en jugar y divertirse.

¿Qué puedo hacer?

- Asegúrate de que tu hijo haga suficiente ejercicio. Para comenzar, juega con ellos a juegos en los que tengan que caminar y correr.

- No dejes que tu hijo haga demasiado ejercicio de una vez. Si tu hijo puede hablar mientras hace ejercicio, significa que está haciendo la cantidad adecuada de ejercicio.

- **Si tu hijo se siente que se va a desmayar, enfermo o mareado, dile que se detenga y descanse. Si tiene dolor de pecho, se desmaya o no puede respirar, llama al 9-1-1.**

- No dejes que tu hijo pase todo su tiempo libre mirando la televisión, jugando videojuegos o en la computadora.

- Sal a caminar con tu hijo. Dar una vuelta a la manzana es un buen ejercicio.

- Pídele a tu hijo que saque a pasear al perro. Si no tienes un perro, ofrécele a un vecino pasear su perro. Primero asegúrate de que sea seguro. Asegúrate de que tu hijo pueda dominar al perro. Asegúrate de que el perro no muerda.

- Ve caminando al supermercado con tu hijo.

- Estaciona el auto lejos de la entrada del supermercado. Así tú y tu hijo caminarán más.

- Deja que tu hijo empuje el carrito del supermercado.

- Usa las escaleras en lugar del ascensor. Haz una competencia para ver cuántas veces usan las escaleras por día.

- Si tu hijo quiere practicar algún deporte, habla con el entrenador. Pregúntale cómo dirige el equipo. Busca un equipo que trate de que los niños se diviertan. Busca un equipo donde tu hijo pueda aprender un deporte. Aléjate de los equipos que sólo quieren ganar.

¿Cuándo debo buscar ayuda?

- Si tu hijo quiere practicar un deporte. Primero pídele la aprobación a tu médico o enfermera.

- Si no estás seguro de qué clases de ejercicios son adecuados para tu hijo. Consulta con un entrenador o un consejero sobre el acondicionamiento físico de la escuela.

- Si no estás seguro de cuánto ejercicio debe hacer tu hijo por día.

- Si tu hijo tiene una lesión que le impide hacer ejercicio.

- Si otros niños del equipo se burlan de tu hijo porque tiene sobrepeso. Habla con el entrenador o con los padres de los otros niños.

Los deportes

¿De qué se trata?

Los deportes son una forma en que los niños pueden estar activos y hacer ejercicio. Los deportes pueden ser divertidos. Los deportes pueden ser exigentes para algunos niños. Estos también pueden ayudar a que tu hijo se ponga en forma y no tenga sobrepeso. Los deportes pueden ser una forma en que los niños conozcan nuevos amigos y que ocupen bien su tiempo.

¿Lo sabías?

- Los deportes son formas en que grupos de niños juegan juntos en equipo. Algunos deportes que se juegan en equipo son:

  - Béisbol
  - Básquetbol
  - Fútbol americano
  - Hockey
  - Fútbol
  - Softball
  - Tenis
  - Polo acuático

- Otras clases de deportes son individuales. Algunos de estos deportes son:
  - Ciclismo
  - Gimnasia
  - Karate
  - Correr
  - Andar en patineta
  - Patinaje
  - Esquí
  - Natación
  - Atletismo
  - Caminar rápido
- Algunos deportes son una buena forma de que tu hijo esté con otros niños y conozca amigos.
- La mayoría de los deportes le dan un buen motivo a tu hijo para moverse. Esto es bueno para el corazón y los músculos.
- Los niños pueden practicar deportes en equipo o con amigos simplemente por diversión. Algunos equipos están en las escuelas. Algunos equipos están en tu ciudad.
- Los deportes en equipo les permiten a los niños alcanzar objetivos por sí mismos. Les ayudan a aprender a prepararse y trabajar en objetivos compartidos.

Los deportes

¿Qué puedo hacer?

- Deja que tu hijo elija los deportes y juegos que quiere jugar. Enséñale a tu hijo muchos tipos de deportes. Pregúntale a tu hijo cuáles le gusta.

- Asegúrate de que el deporte sea adecuado para la edad, la complexión física y la destreza de tu hijo. Para algunos deportes, tu hijo necesita tener destrezas especiales. Para el béisbol o el softball, tu hijo debe poder tirar, atrapar y pegarle a una pelota. Para el básquetbol, tu hijo debe correr y rebotar una pelota al mismo tiempo, y tirar la pelota en la canasta.

- Para algunos deportes, los niños necesitan calzado y ropa especiales, además de un montón de otras cosas. Esto puede costar mucho dinero. Primero asegúrate de que tu hijo practique el deporte y le guste. Así no gastarás dinero en cosas que tu hijo no usará. Asegúrate de que puedas comprar el uniforme y el equipo deportivo.

- Habla con tu hijo sobre qué le gusta del deporte. Pregúntale qué no le gusta. Asegúrate de que el deporte sea bueno para tu hijo.

- No obligues a tu hijo a practicar un deporte. Algunos padres quieren que sus hijos practiquen un deporte porque ellos lo practicaban cuando eran niños. Es posible que tu hijo no disfrute el deporte.

- Asegúrate de que sea seguro para tu hijo practicar el deporte. Si tu hijo es lento o pequeño, no debería estar en un equipo donde los demás niños sean más grandes y rápidos. Especialmente, en deportes donde el contacto es parte del juego, como el fútbol americano, el básquetbol o el hockey.

- Habla con el médico de tu hijo antes de que tu hijo empiece un deporte.

- Haz tiempo para que tu hijo practique cada semana. Practicará algo con el equipo. Tu hijo debe practicar lo que le resulte más difícil del juego. Ayuda a tu hijo con estas partes difíciles. Esto le ayudará a ganar confianza.

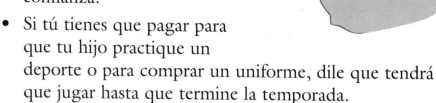

- Si tú tienes que pagar para que tu hijo practique un deporte o para comprar un uniforme, dile que tendrá que jugar hasta que termine la temporada.

- Si tu hijo forma parte de un equipo y no está contento, habla con el entrenador. Juntos, traten de encontrar alguna forma de ayudar a que tu hijo la pase mejor.

¿Cuándo debo buscar ayuda?

- Si tu hijo sufre una lesión.

- Si a tu hijo no le va bien en el deporte y esto le está afectando su autoestima.

- Si el entrenador del equipo no deja jugar a tu hijo.

- Si no estás seguro de que un deporte sea adecuado para la edad y la complexión física de tu hijo.

El dormir

¿De qué se trata?

El dormir es cuando
estás cansado y quieres
ir a descansar. El dormir
ayuda a que la mente y el
cuerpo se "recuperen" para
funcionar mejor. Es como
cuando conectas tu teléfono
celular porque se le está por
terminar la batería. Ayuda
a que el cuerpo de tu hijo
crezca y esté saludable.

¿Lo sabías?

- Los niños que duermen lo suficiente son menos propensos a tener sobrepeso.

- Dormir bien ayuda a tu hijo a que le vaya mejor en la escuela. Lo que aprende en la escuela se fija en la memoria mientras duerme. De esta forma recordará la mayoría de las cosas que aprendió ese día.

- Dormir lo suficiente ayudará a que tu hijo se sienta bien. Estará de mejor humor si duerme bien.

- Dormir nos ayuda a mantenernos saludables y ayuda al cuerpo a defenderse de las enfermedades.

- Muchos niños tienen problemas para dormir de vez en cuando. Visita a tu médico si tu hijo con frecuencia:

  - No puede conciliar el sueño.

  - Se despierta muchas veces por la noche.

  - Tiene pesadillas o se despierta llorando o gritando.

  - Moja la cama después de haber aprendido a ir al baño.

- Los bebés menores de un año pueden necesitar dormir 15 horas o más por día.

- Los niños de 1 a 3 años necesitan dormir 12 horas o más por día. Esto incluye las siestas.

- Los niños de 3 a 12 años necesitan dormir 10 horas o más cada noche.

- Los niños de 12 a 18 años necesitan dormir 9 horas o más cada noche.

- Los niños son todos diferentes. Algunos niños pueden dormir más o menos. Esto está bien.

¿Qué puedo hacer?

- Haz que la hora de ir a dormir sea un hábito. Haz lo mismo todas las noches. De esta manera tu hijo sabrá qué esperar y dormirá mejor.

  - Dale un bocadillo liviano y saludable.

  - Baña a tu hijo.

  - Ponle pijama.

  - Haz que se cepille los dientes.

El dormir

- Léele un cuento a tu hijo a la hora de ir a acostarse, o haz que te lea un cuento a ti.

- Asegúrate de que la habitación esté oscura y no demasiado calurosa o fría.

- Si a tu hijo no le gusta que la habitación esté demasiado oscura, deja prendida una luz tenue de noche.

- Dile buenas noches y vete de la habitación.

- No dejes que tu hijo tenga un televisor en su dormitorio. No dejes que tu hijo use la computadora después de la hora de ir a acostarse. Es posible que se quede despierto hasta tarde mirando televisión o usando la computadora para jugar videojuegos.

- No mires una película de terror ni le leas cuentos de terror antes de la hora de acostarse.

- No le des nada a tu hijo que contenga cafeína antes de la hora de ir a acostarse. Los refrescos, el café, el té, el chocolate, la leche chocolatada o las bebidas energizantes contienen cafeína. No le des nada a tu hijo que contenga mucha azúcar.

- Haz que tu hijo se tranquilice para preparase para dormir. Pídele que se siente, lea o descanse alrededor de una hora antes de prepararse para ir a dormir. No dejes que tu hijo haga ejercicio o que corretee antes de la hora de ir a dormir. Esto hará más difícil que tu hijo se vaya a dormir.

- La cama sólo debe usarse para dormir. Los niños duermen mejor si **no** hacen estas cosas en la cama:
  - Hablar por teléfono
  - Hacer la tarea
  - Jugar videojuegos

¿Cuándo debo buscar ayuda?

- Si tu hijo no duerme lo suficiente cada noche.

- Si tu hijo moja la cama, tiene pesadillas o se despierta muchas veces durante la noche.

- Si no estás seguro de cuánto debe dormir tu hijo.

La computadora, la televisión y los videojuegos

¿De qué se trata?

Sentarse y mirar la televisión, jugar videojuegos y usar la computadora.

¿Lo sabías?

- Los niños que comen mientras miran la televisión comen más porque no piensan en lo que están comiendo. Esto puede hacer que coman demasiado.

- La televisión, las computadoras y los videojuegos son parte de la vida de muchos niños. El ejercicio y jugar en lugares donde haya espacio para moverse también debe ser parte de la vida de tu hijo.

- Los videojuegos tienen clasificaciones. Mira estas clasificaciones para ver si el juego es apropiado para la edad de tu hijo. Algunos videojuegos tienen mucha violencia, como luchas sangrientas, armas, cuchillos y bombas para herir y matar. Estos juegos son populares, pero no le dan un buen mensaje a los niños. Busca juegos que le enseñen a tu hijo algo positivo, como ayudar a las personas o aprender.

La computadora, la televisión y los videojuegos

- Visita los sitios de Internet que le gustan a tu hijo. Los sitios deben ser para hacer las tareas escolares, para aprender o para cosas sobre las que hables con tu hijo y las apruebes. Hay muchos sitios de Internet que no son buenos para los niños. Algunos sitios, llamados salas de chat, permiten a tu hijo "hablar" con extraños. Esto puede ser peligroso para tu hijo.

¿Qué puedo hacer?

- No permitas que tu hijo mire la televisión, use la computadora o juegue videojuegos durante más de 2 horas por día. Los niños menores de 2 años no deben mirar televisión.

- No pongas una computadora ni un televisor en el dormitorio de tu hijo. No podrás saber cuánto tiempo los usa. Coloca la computadora o el televisor donde puedas controlar cuánto tiempo los usa y qué está mirando.

- Mira televisión con tu hijo. Esto ayuda a pasar tiempo en familia. También puedes asegurarte de que los programas que mira tu hijo sean buenas opciones.

- Habla con tu hijo acerca de los videojuegos. Pídele a tu hijo que te cuente sobre el juego. Pídele que te diga cómo se siente con el juego.

- Juega tu solo los videojuegos antes de permitirle a tu hijo que los juegue. Así sabrás si hay juegos malos o si tienen partes malas.

- Las computadoras pueden informarte cuáles son los sitios de Internet o juegos que frecuenta tu hijo. Estos

La computadora, la televisión y los videojuegos

programas también pueden controlar cuánto tiempo puede usar tu hijo la computadora por día. Puedes escribir "control para padres" en la casilla de ayuda o en el navegador de tu computadora. Pídele a tu hijo que te ayude a hacerlo. Dile que quieres estar seguro de que usa la computadora para cosas buenas. Dile que quieres protegerlo.

- Apaga el televisor durante las horas de la comida o mientras tu hijo hace la tarea. La televisión puede hacer que a tu hijo le cueste pensar y aprender mientras hace la tarea. A la hora de la comida, concéntrate en la comida y en tu familia.

- Diles a tus hijos que deben ganarse el tiempo para mirar televisión, usar la computadora o jugar videojuegos. Puedes decirles que deben hacer sus deberes y tareas antes de mirar televisión o usar la computadora. Dales puntos por hacer ejercicio. Pueden usar estos puntos para ganar tiempo en la computadora o en la televisión.

Primero saca la basura, después mira la televisión.

La computadora, la televisión y los videojuegos

¿Cuándo debo buscar ayuda?

- Si necesitas aprender a usar una computadora.
- Si no sabes usar los controles para padres del televisor o de la computadora.
- Si no entiendes las clasificaciones de los programas de televisión o de los videojuegos.
- Si tu hijo se porta mal o se pone agresivo después de jugar videojuegos.
- Si tu hijo no cumple las reglas que pones para el uso del televisor, la computadora y los videojuegos.

Los amigos

¿De qué se trata?

Los niños necesitan otros niños como amigos. Los niños necesitan amigos que les ayuden a vivir una vida saludable. Un amigo puede convencer a tu hijo para que coma zanahorias en lugar de dulces. Esto es saludable. Un amigo puede convencer a tu hijo para que coma helado y pastel. Esto podría no ser saludable.

¿Lo sabías?

- A un amigo que tiene la misma edad que tu hijo se le llama "par".
- Cuando los amigos tratan de convencer a tu hijo para que haga algo se le dice "presión de amigos".
- Los niños deben aprender a tener amigos.
- Los niños deben aprender a decir que "no" a cosas que no deben hacer.
- La familia es más importante que los amigos. La familia puede ayudar a los niños a luchar contra la presión de amigos y a hacer lo correcto.
- Formar parte de un grupo y tener amigos es importante para los niños desde los 7 años.
- Los niños quieren lucir y actuar como los demás. Quieren ser aceptados. No quieren verse diferentes.

Los amigos

- En la televisión, la belleza se trata de cómo luce una persona. Hazle saber a tu hijo que la verdadera belleza consiste en ser saludable, inteligente, colaborador, amigable y un buen niño.

- Los niños con sobrepeso sufren mucho las burlas de otros niños.

- Las burlas y no ser parte de un grupo pueden hacer que un niño se sienta mal.

- Los niños molestan a otros niños porque se sienten mal consigo mismos. A veces, hacer sentir mal a otro niño los hace sentirse mejor a ellos.

- Sólo porque tu hijo no tenga tanto sobrepeso no significa que será más popular y tendrá más amigos. A los amigos de verdad no les importa tu apariencia física.

- Es posible que tus hijos no te cuenten que los están molestando o que están tristes. Las señales de que un niño podría estar triste son:

  - Se ve triste

  - No quiere salir con otros niños.

  - Quiere quedarse siempre en casa

  - Trata de evitar ir a la escuela

- Busca cosas que puede hacer en soledad, como mirar televisión o jugar videojuegos
- Se la pasa diciendo que está enfermo

¿Qué puedo hacer?

- Habla con tus hijos sobre la presión de amigos. Practica cómo decirle "no" a otros niños.

- Enséñales sobre la alimentación saludable. Practica lo que pueden decir si otros niños tratan de convencerlos para que coman comida chatarra.

- Habla con tu hijo sobre la salud y el sentirse bien, no de la apariencia física. Es mejor para la salud de tu hijo que tenga menos grasa alrededor de la cintura.

- No hables sobre ponerlo a dieta. Habla sobre ser saludable y hacer buenas elecciones.

- Si a tu hijo lo están molestando, practica lo que podría decirles a los otros niños. Tu hijo puede decir algo como "Cuando dices eso, realmente me haces sentir mal". También puede alejarse, ignorar a quien lo molesta, o simplemente encontrar nuevos amigos.

- Si las burlas no paran, puedes hablar con los padres o con la maestra del niño que lo molesta. Haz un plan con otros adultos para ayudar a parar las burlas.

- Cuando tu hijo vaya a comer a la casa de un amigo, podrías:
  - Darle a tu hijo un bocadillo saludable antes de que salga de tu casa. Esto ayudará a que no tenga hambre.

No comerá bocadillos que no sean saludables en la casa del amigo.

- Enséñale a tus hijos la cantidad de comida que deben comer o el tamaño de una porción. Enséñales qué alimentos deben evitar, como los que tienen muchas calorías o grasa.

- No te enojes si tu hijo come mal. Habla con tu hijo sobre los hábitos de alimentación saludables. Háblale sobre cómo pueden hacer entre los dos para que tu hijo siga comiendo de forma saludable. Esa es la forma en que tu hijo debe comer por el resto de su vida.

- No sirve que los niños siempre digan que "no" a sus comidas favoritas. A veces, permíteles comer una pequeña porción de una comida favorita que tenga muchas calorías. Asegúrate de que tu hijo entienda por qué lo haces. Es para darle un gusto, no una recompensa.

- Coloca un bocadillo saludable en la mochila o en el bolsillo de tu hijo para que lo coma si tiene hambre. Esto evita que coma mal en lugares de comida rápida o de máquinas de golosinas.

- Ayuda a tus hijos a comprar ropa que les quede bien. Hay ropa y colores que te hacen ver delgado. Algunas prendas y colores te hacen ver corpulento. Cuando tienes sobrepeso, la ropa de color oscuro queda bien. La tela con estampados no favorecen.

Los amigos

- Ayuda a que tu hijo tenga buenos amigos. Los buenos amigos apoyan a tu hijo. Los niños que molestan a los demás no son buenos amigos. Ellos pueden hacer sentir mal a tu hijo.

¿Cuándo debo buscar ayuda?

- Si molestan a tu hijo, habla con los padres del otro niño, las maestras o los consejeros de la escuela.

- Si tu hijo se siente mal, habla con un médico o una enfermera.

La familia

6

Apuntes

_____

_____

_____

_____

_____

_____

_____

_____

_____

_____

_____

_____

_____

El apoyo familiar

¿De qué se trata?

El apoyo familiar es cuando toda la familia ayuda a tu hijo con sobrepeso a comer y vivir de forma saludable. La familia incluye a mamá y papá, hermanos y hermanas, y a todos los que viven en la casa. El abuelo y la abuela, los tíos y las tías, los primos y las primas que vivan en la casa también son de la familia. Los amigos cercanos o las niñeras que vivan en la casa también se podrían considerar de la familia.

¿Lo sabías?

- Bajar de peso no debe ser lo más importante de la familia, incluso cuando un niño tenga sobrepeso. Un estilo de vida saludable consiste en comer bien, hacer ejercicio y tener el apoyo y el amor de la familia. Toda la familia debe ser parte de esto.

- La mamá y el papá y todos los adultos de la familia deben enseñarle a tu hijo a comer de manera saludable. Todos los adultos deben comer bien, hacer ejercicio y amar a los niños. Un estilo de vida saludable no incluye fumar, tomar cerveza o bebidas alcohólicas ni decir malas palabras.

El apoyo familiar

- A una familia le lleva tiempo aprender a comer bien y vivir de manera saludable. No esperes grandes cambios de la noche a la mañana. Sigue haciendo lo que ayudará a tu hijo con sobrepeso.

- Es importante que aprendas cuáles son los alimentos buenos para tu hijo y para toda la familia.

- Los niños no siempre quieren llevar un estilo de vida saludable. Pueden comer golosinas o galletas a escondidas o no salir a caminar. Es importante que no te enojes con ellos. Es mejor darles apoyo que regañarlos.

- Comienza a darles comida saludable apenas comienzan a comer alimentos sólidos. No les des comida chatarra a tus hijos. No les des alimentos ni bebidas que tengan muchas calorías, grasa y azúcar.

- Es importante que ayudes a tus hijos a sentirse bien consigo mismos. La familia necesita ayudarse y apoyarse mutuamente. Esto desarrolla la autoestima de tus hijos. Los niños que se sienten bien consigo mismos tienen más probabilidades de llevar estilos de vida saludables.

- Las familias deberían amarse, y tenerse confianza y respeto. Las familias que lo hacen tienen más probabilidades de tener niños felices y saludables.

¿Qué puedo hacer?

- Toda la familia debería comer de forma saludable y hacer ejercicio. Esto incluye a los niños que tienen sobrepeso y a los niños que no tienen sobrepeso.

El apoyo familiar

- Los adultos deben llevar un estilo de vida saludable para que sus hijos aprendan a llevar un estilo de vida saludable.

- No uses la palabra "dieta". Habla sobre comer de forma saludable. Llegarás al peso adecuado llevando un estilo de vida saludable. Eso es más importante que lucir bien.

- Ten una reunión familiar sobre el estilo de vida saludable. Incluye a todos los que viven en la casa. Habla sobre cambios en alimentación y ejercicio. Durante la reunión familiar puedes hablar sobre cosas como:

  - Apoyarse mutuamente
  - Elegir bien
  - Los alimentos que son saludables
  - Los bocadillos que se pueden comer entre las comidas
  - Objetivos de peso. Anotar estos objetivos en un papel y ponerlo a la vista puede ser útil. Esto puede ayudar a que los niños miren sus objetivos y vean lo cerca que están de alcanzarlos.
  - Cómo hacer ejercicio juntos o solos
  - No poner apodos ofensivos a nadie

- El horario de las comidas como la cena
- La tarea de cada persona a la hora de la comida. Por ejemplo, ayudar a cocinar, a limpiar o a poner la mesa.
- Cuándo es la próxima reunión familiar

- Establece reglas para la comida y para comer. Haz que toda la familia conozca las reglas. Las reglas pueden ser:

  - No comer comida chatarra como golosinas, pastel o galletas
  - No comer con la televisión o la radio prendida
  - Comer en la mesa
  - Las familias deben hablar durante las comidas
  - Las familias no deben comer rápido y apurados a la hora de la cena
  - No tomar refrescos, jugo de frutas que no sea 100% natural u otras bebidas azucaradas

- Nadie debería rezongar por comer los alimentos adecuados. Si los niños comen algo que no es saludable, habla con ellos. Dales apoyo para comenzar a comer de forma saludable.

- Si tienes un hijo con sobrepeso, habla con sus hermanos y hermanas. Pídeles que apoyen a su hermano con sobrepeso.

Explícales lo importante que es que se ayuden mutuamente. Es posible que los hermanos o hermanas no quieran ayudar al niño con sobrepeso. Es posible que se burlen de él. Si algún hermano o hermana dice algo como:

> "No quiero que me vean con ella porque es muy gorda. Mis amigos se burlarán de ella y yo me sentiré mal".

Puedes decir algo como esto:

> "Ella está tratando de tomar decisiones saludables y todos nosotros tenemos que ayudarla. Debemos darle apoyo diciéndole qué buen trabajo que está haciendo. Quizás puedas salir a caminar con ella sin que tus amigos estén cerca. Todos debemos ser amables y ayudarla. La familia debe estar unida. Nos ayudará a todos. ¿Crees que puedes hacerlo?"

- Sal a caminar en familia cada vez que puedas. Habla con tus hijos sobre cómo les fue en el día. Habla sobre lo que sucede en la escuela y en tu casa.

- Haz que la familia vaya junta al supermercado. Miren las etiquetas y compren alimentos saludables. Enséñale a tu familia a comprar.

- De vez en cuando, deja que tus hijos coman un poquito de lo que no debe de comer. Esto no debe pasar seguido, pero de vez en cuando está bien. Por ejemplo, si vienen de visita los abuelos y traen galletas, está bien dejar que tu hijo coma una.

El apoyo familiar

- Si tu hijo desea un postre dulce después de la comida o un dulce antes de ir a acostarse, sugiérele otros alimentos saludables. En lugar de decir que no, di "¿Te gustaría un yogur o una zanahoria?" O pregúntale: "¿Puedes pensar en algo que sea más saludable para ti?" Trata de hablar sobre otras cosas para que tu hijo no piense todo el tiempo en la comida.

- Enséñales a tus hijos sobre alimentos saludables y una vida saludable. Habla con tus hijos mientras preparas la cena. Habla sobre ser saludable durante la cena.

- Álaga a tus hijos por su esfuerzo. Hazlo aunque no veas un cambio importante. Lo que es importante es tener un estilo de vida saludable.

- A los niños más grandes puede resultarles útil escribir un diario.

  - Un diario es un cuaderno en blanco donde el niño escribe.

  - El niño cuenta lo que le sucedió y lo que comió ese día.

  - Puede ser útil leerlo con tu hijo y hablar sobre lo bueno y lo malo.

  - Las familias pueden anotar los objetivos que quieran alcanzar.

  - Los objetivos familiares pueden ser cambiar de hábitos, elegir alimentos saludables y hacer ejercicio. Los objetivos pueden ser:

    - No comprar bebidas que contengan azúcar.

- ◆ Comprar zanahorias y apio para los bocadillos.
- ◆ Caminar media milla todos los días.
- ◆ Llevar a los niños al supermercado.
- ■ Habla con tu médico o enfermera acerca de llevar un diario.

¿Cuándo debo buscar ayuda?

- Si tu familia no apoya a tu hijo con sobrepeso. Habla con tu médico, enfermera o maestra.

- Si necesitas aprender a elegir alimentos saludables y a cocinarlos. Habla con tu médico o enfermera. Es posible que te envíen a un nutricionista.

- Si tu hijo no come los alimentos adecuados. Habla con tu médico o enfermera.

- Si crees que tu hijo necesita más ayuda de la que puedes darle.

La comida como recompensa

¿De qué se trata?

Algunas personas usan la comida como recompensa para sus hijos. Les dan dulces o comidas grasosas cuando les va bien en la escuela o cuando se portan bien.

¿Lo sabías?

- Las recompensas se dan para que los niños sepan que hicieron algo bueno. Las recompensas ayudan a que portarse bien se convierta en un hábito. Cuando sea un hábito, no es necesario seguir recompensándolo.

- Se supone que la comida debe darle al cuerpo lo que necesita para mantenerse fuerte y saludable. La comida no debe darse como recompensa.

- Dar comida como recompensa puede confundir a tu hijo. Tu hijo no entenderá que hay que comer solamente para estar saludable.

- Cuando le das a tu hijo bocadillos y alimentos que no son saludables, envías el mensaje equivocado. Le dices a tu hijo que está bien comer dulces y comidas grasosas.

- Debes comer cuando tengas hambre. Come a la hora de la comida o un bocadillo entre las comidas. La comida como recompensa le enseña a tu hijo que está bien comer por otras razones.

- Cuando la comida se usa como recompensa también se establece un lazo entre la comida chatarra y el sentirse bien. Esto hará más difícil que tu hijo coma de forma saludable cuando sea un adulto.

- Si le das comida como recompensa ahora, será algo que llevará tiempo cambiar. Usa las ideas que se mencionan a continuación para recompensar a tu hijo por portarse bien. Asegúrate de hacerlo en todo momento. Esto ayudará a que tu hijo reciba el mensaje correcto. El cambio llevará un tiempo. No lo abandones. Vale la pena.

¿Qué puedo hacer?

- No uses la comida como recompensa. Ni siquiera la comida saludable.

- Habla con las maestras de tu hijo. Asegúrate de que no le den dulces ni comida como recompensa en la escuela.

- He aquí algunas recompensas que puedes darle por portarse bien:

  - Piensa en las cosas que le gustan a tu hijo y úsalas como recompensas. Ir al cine, sentarse en el asiento de adelante del auto, darle muchos abrazos y besos, o escuchar música son algunas de las cosas que puedes usar como recompensa.

  - Pasar más tiempo en familia juntos. Hacer tiempo para una noche de juego en familia. La recompensa podría ser elegir a qué juego jugar.

La comida como recompensa

- Álaga a tus hijos cuando hacen algo bien. Hazlo en frente de amigos y del resto de la familia.

- Coloca una nota o un letrero en el refrigerador que diga lo que tu hijo hizo bien. Agrégale una estrella o una cinta cada vez que lo haga bien de nuevo.

- Un paseo a la biblioteca, al parque o al campo de juego son recompensas saludables.

- Léele un cuento más a la hora de ir a acostarse.

- Compra calcomanías y dáselas a tus hijos cuando se porten bien.

- Compra algunas cositas que les gusten a tus hijos y que no cuesten mucho. Ve a las tiendas que venden artículos por un dólar y compra cosas como calcomanías, lápices y otras pequeñeces. Coloca lo que compraste en una caja. Cuando tus hijos hagan algo bien, déjalos que elijan algo de la caja. Permite que los niños decoren la caja.

- A los niños más grandes puedes darles dinero de juguete. Escribe una lista de lo que obtendrán por el dinero cuando ganen lo suficiente. Por ejemplo:

  - Renta de juegos o películas

- Un libro o CD
- Quedarse despierto media hora después de la hora de ir a acostarse los fines de semana
- Enviar más mensajes de texto
- Media hora más de tiempo en la computadora
- Invitar a un amigo a quedarse a dormir

¿Cuándo debo buscar ayuda?

- Si tu hijo insiste en obtener comida como recompensa.
- Si necesitas más ideas sobre qué usar en lugar de la comida como recompensa.

La autoestima

¿De qué se trata?

La autoestima es la forma en que te sientes contigo mismo.
Los niños con una autoestima alta se sienten bien consigo
mismos. Se sienten seguros. Los niños con la autoestima
baja creen que no son importantes.

¿Lo sabías?

- Los niños con la autoestima alta hacen mejores
  elecciones para ellos. Creen en sí mismos. Piensan que
  vale la pena cuidarse.

- Los niños con la
  autoestima baja no se
  cuidan. Le siguen la
  corriente a los demás
  sólo para ser aceptados.
  Toman malas deciciones.

- Los niños con sobrepeso
  son más propensos a tener
  la autoestima baja. Es
  posible que los molesten
  y se burlen de ellos en la
  escuela. Es posible que los
  demás niños los rechacen.
  Es posible que a los niños
  con sobrepeso les pongan apodos ofensivos.

- Los niños con sobrepeso pueden sentirse mal al participar en deportes y juegos. Es posible que no sean buenos en los deportes debido a su peso. Es posible que se muevan más lento que los demás niños. Es posible que los demás niños no los elijan para integrar sus equipos en la escuela. Esto puede hacer que los niños con sobrepeso no quieran jugar ni practicar deportes, aunque realmente necesiten el ejercicio.

- Los niños con la autoestima baja pueden sentirse así por el resto de sus vidas. Esto puede causarle muchos problemas más adelante en la vida.

- Algunos niños con sobrepeso que tienen la autoestima baja se deprimen. Pueden comer más porque se sienten mal. Esto sólo empeora las cosas.

¿Qué puedo hacer?

- Diles a tus hijos que los amas. Es importante que los niños lo escuchen de sus padres.

- No les hagas bromas sobre el peso a los niños con sobrepeso. Para los niños es muy importante lo que sus padres piensan de ellos.

- Sé comprensivo. Los niños con sobrepeso son más que sólo su peso. Son personas que tienen valores y sentimientos. Dile a tus hijos que los amas y que te preocupas por ellos.

- Sé un modelo a imitar para tu hijo. El hacer que tu hijo coma verduras mientras tú comes papas fritas no funciona. Asegúrate de que toda la familia coma de forma saludable.

- No les digas a tus hijos que está bien tener sobrepeso. Diles que los amas y que quieres que estén saludables. Demuéstrales tu apoyo.

- Escucha lo que tu hijo tenga que decir.

- Lo más importante es hablar con tu hijo sobre un plan para comer de forma saludable y hacer ejercicio.

- Lee los capítulos de este libro. Aprende sobre los alimentos saludables y el ejercicio. Trabaja con tu hijo para que sea saludable.

¿Cuándo debo buscar ayuda?

- Si tu hijo se deprime y no quiere hacer cosas con otras personas.

- Si tu hijo habla sobre hacerse daño.

- Si a tu hijo lo están molestando en la escuela.

Los restaurantes

¿De qué se trata?

Comer en un restaurante es cuando la familia sale a comer. Se pide la comida de un menú. Generalmente puedes pedir las opciones saludables del menú. La familia paga por la comida.

¿Lo sabías?

- Comer en un restaurante forma parte de la vida social de los niños más grandes. Es posible que salgan a comer con sus amigos. Un niño con sobrepeso necesita estar con otros niños. Aprender a comer bien en un restaurante es importante.

- Puedes pedir comida saludable en la mayoría de los restaurantes.

- Los niños deben aprender a pedir comida saludable de un menú.

- Comer en un restaurante no reemplaza la comida familiar. Aún es importante comer en casa. Planea comer en un restaurante en ocasiones especiales como en un cumpleaños.

Los restaurantes

- Hay muchas clases de restaurantes. Algunos sirven comida de una cultura en particular, como la comida mexicana, china o tailandesa. Algunos son más costosos que otros. Busca un restaurante que se adapte a lo que puedes gastar por una comida. Hay algunos restaurantes que cuestan tan poco como los de comida rápida.

- No tienes que salir a comer con tus hijos cuando son pequeños. Los niños aprenderán a salir a comer a restaurantes cuando sean más grandes.

- Es importante que pases tiempo con tus hijos y que les hables sobre comer de forma saludable y cuáles son las opciones de comida saludable.

¿Qué puedo hacer?

- Elige restaurantes que tengan un menú saludable.
- Averigua qué comida sirven antes de ir a un restaurante.
  - Busca un restaurante en la computadora.
  - Llama y pregunta qué comida sirven.
  - Unos días antes de ir, pasa por el restaurante y pide una copia del menú. Examina el menú y habla con tus hijos sobre las opciones saludables.
  - Planeen lo que pedirán antes de ir al restaurante.
- Prueba comidas nuevas en los restaurantes.
- Elige restaurantes que sirvan comidas diferentes de las que comes en tu casa pero que sean saludables. Es una buena forma de que tus hijos prueben nuevas comidas.

Los restaurantes

- Examina el "Menú infantil" antes de salir a comer. Un restaurante no es la mejor opción cuando el menú infantil tiene papas fritas y otras comidas fritas. Pregunta si puedes pedir ensalada o verduras en lugar de las papas fritas que vienen en el menú infantil.

- Pregunta cómo cocinan la comida. Puedes pedir que la cocinen de cierta forma. Algunos lugares no tendrán problema en hacerlo. Pide que no cocinen la carne con aceite o mantequilla.

- Comparte un plato de comida entre dos niños. Comparte un plato de comida entre un adulto y un niño. El tamaño de las porciones puede ser demasiado grande para una sola persona. Llévate la comida que sobró a tu casa.

- El agua y la leche semidescremada o descremada son las mejores opciones de bebidas para pedir. No dejes que tu hijo pida refrescos ni jugo. No pidas bebidas adicionales. Si tus hijos quieren tomar algo más, dales agua.

- Elige un postre saludable como fruta o un helado de agua. Haz que toda la familia comparta un postre.

- Puedes pedir que te den algo diferente en un plato. Por ejemplo, pide frutas o verduras en lugar de papas fritas. Muchas veces no te cobrarán nada por hacerlo.

- Deja de lado las salsas especiales, el queso y las coberturas de crema batida. Pide que el aderezo de la ensalada lo traigan aparte y sólo usa la mitad.

Los restaurantes

- Los niños pequeños no pueden quedarse sentados hasta que sirvan la comida. Lleva algunos juguetes o libros para colorear.

- Haz que los niños pequeños y toda la familia se sienten a la mesa. Cuando los niños pequeños se pongan inquietos, llévalos a dar una vuelta.

- Para los niños menores de 2 años, una comida que dura más de 30 minutos podría ser demasiado larga.

- Antes de salir a comer, come un trozo de fruta u otra cosa que sea saludable.

- No deberían salir a comer cuando tienen mucha hambre. Tú y tus hijos comerán más.

- No agregues sal ni mantequilla a la comida. La comida de los restaurantes ya tiene mucha sal y mantequilla antes de llegar a la mesa.

- Comienza la comida con una ensalada. Píde el aderezo aparte de la ensalada. Sólo usa lo suficiente para darle sabor a la ensalada. En lugar de una ensalada, puedes pedir una sopa que no esté hecha con crema.

- Come despacio. Apoya el tenedor en el plato entre bocados. Haz que los niños mastiquen la comida antes de llevarse más a la boca. Nadie debería hablar con la boca llena de comida.

- Deja que todos coman hasta que se sientan llenos. No obligues a los niños a comerse toda la comida.

- Llévate la comida que sobró a tu casa.

- Haz que comer en un restaurante sea una ocasión especial.

  - No lo hagas todos los días.

  - Habla sobre esto y haz que la familia se entusiasme por ir a un restaurante.

  - Piensa en las cosas de las que hablarás durante la comida.

  - Habla sobre cosas que sean de interés para toda la familia.

  - Permite que todos tengan la oportunidad de hablar.

- Enséñales a tus hijos a comer de manera saludable.

- Enséñales a tener buenos modales.

- Haz que comer en un restaurante sea un momento alegre y divertido.

¿Cuándo debo buscar ayuda?

- Si no estás seguro de cómo pedir comida saludable en un restaurante.

Cuándo pedir ayuda

¿De qué se trata?

Deberías pedir ayuda si sientes que no puedes ayudar a tu hijo a elegir alimentos saludables, a comer la cantidad adecuada o a hacer ejercicio. Hay muchos lugares a los que puedes ir y personas con quienes puedes hablar para pedir ayuda.

¿Lo sabías?

- Habla con tu médico y enfermera sobre tu hijo con sobrepeso. Diles lo que estás haciendo. Coméntale lo que se te dificulta.

- Tu médico podría recomendarte que consultes a un nutricionista. Esta persona sabe mucho sobre los alimentos y lo que hacen en tu cuerpo. El nutricionista puede ayudarte a preparar un buen plan de alimentación para tu hijo y para toda la familia.

- Si tu hijo está triste o no quiere estar con nadie, cuéntaselo a tu médico. Puede ser un signo de depresión. Tu médico puede enviar a tu hijo a otro médico llamado psicólogo. Esta clase de médico hablará con tu hijo sobre cómo se siente. El psicólogo ayudará a tu hijo a sentirse mejor.

- Pedir ayuda es una señal de que eres un buen padre. Pedir ayuda no significa que no eres capaz o que no eres un buen padre.

- Es posible que tu hijo necesite un programa a largo plazo para desarrollar un estilo de vida saludable. Mantén una buena actitud. Ayuda a que tu hijo mantenga una actitud positiva.

¿Qué puedo hacer?

- Antes de ir al médico, anota todas las preguntas que tengas. Deja espacio en el papel para anotar las respuestas de tu médico o enfermera. Asegúrate de entender todas las respuestas. Si no entiendes algo, díselo a tu médico o enfermera para que te lo explique de otra forma que puedas entender.

- Pide consejos a la gente sobre la cocina y la alimentación saludable. También busca en revistas y periódicos.

- Habla con tu médico o enfermera antes de que tu hijo con sobrepeso comience un programa de ejercicios o se integre a un equipo deportivo. Pregunta cuánto ejercicio debería hacer tu hijo.

- Si a tu hijo lo están molestando en la escuela, habla con la maestra de tu hijo. Si un abusivo está tratando mal a tu hijo, habla con la maestra de tu hijo.

  - Hazle saber acerca de las burlas y los abusivos.

  - Los abusivos pueden lastimar a tu hijo.

  - Dile a tu hijo que trate de no prestarle atención a los abusivos.

- ■ Dile a tu hijo que juegue con amigos en grupo.
- Llama a la Weight Control Information Network (Red de información para el control de peso). El número de teléfono es 877-946-4627. Es una oficina del gobierno. Pueden enviarte más información sobre cómo mantener a tu hijo saludable.
- Si tienes seguro de salud, pregunta si tienen un programa para ayudar a tu hijo.
- Pregunta en tu trabajo si tienen algún programa para ayudar a tu hijo.

¿Cuándo debo buscar ayuda?

- Si haces cambios en el estilo de vida y en los hábitos de alimentación de tu familia pero tu hijo con sobrepeso sigue aumentando de peso.
- Si no sabes qué hacer para mantener a tu hijo saludable.

La salud

7

Los problemas de salud

¿De qué se trata?

El tener sobrepeso puede causar problemas de salud. El tener sobrepeso puede enfermar a tu hijo. El sobrepeso puede dañar el cerebro, los pulmones, el corazón, los vasos sanguíneos, los huesos y las articulaciones.

¿Lo sabías?

- El sobrepeso puede hacer que los niños se sientan mal consigo mismos. Es posible que tu hijo no sea feliz.
- Tener sobrepeso también puede causar problemas más adelante en la vida:
    - Dolor de cabeza y visión doble
    - No poder dormir
    - Dificultad para respirar
    - Presión arterial alta
    - Sangrado fácil
    - Daño en los vasos sanguíneos
    - Grasa en la sangre
    - Acidez estomacal
    - Dificultad para defecar
    - Piedras en la vesícula
    - Hígado graso
    - Dolor en las articulaciones

- Pies planos
- Rodillas arqueadas
- Problemas de cadera
- Diabetes tipo 2
- Problemas para prestar atención
- Problemas en la piel
- Alergias
- Problemas de tiroides
- Ausencia de menstruación en las niñas.

- Los médicos no siempre dicen que un niño tiene sobrepeso.
- Tratar a los niños con sobrepeso puede ser algo difícil.
- Muchas personas no tratan de controlar el peso de sus hijos.

¿Qué puedo hacer?

- Si el médico o la enfermera te dicen que tu hijo tiene sobrepeso, créeles. Comienza a hacer cambios de inmediato.

- Toma medidas para ayudar a tu hijo. Lee este libro. Haz lo que el libro te dice que hagas. Habla con tu médico.

- Aprende por qué tener sobrepeso es malo para la salud de tu hijo.

- Haz un plan para que tu hijo con sobrepeso y tu familia coman de forma saludable.

- Ayuda a cada persona de tu familia a tener un peso saludable.

- Usa este libro para aprender a comer de forma saludable.

- Usa este libro para saber qué clase de ejercicio debe hacer tu hijo todos los días.

- No tengas bocadillos que no sean saludables en tu casa.

- Permite que tus hijos vayan de compras contigo. Déjalos que elijan algunos alimentos saludables como frutas y verduras.

- Haz que toda la familia haga cosas para llevar un estilo de vida saludable.

- Haz preguntas. Los médicos, las enfermeras y los consejeros escolares pueden ayudarte.

- Enséñale a toda la familia sobre en qué consiste llevar un estilo de vida saludable.

- Habla con tu médico o enfermera sobre tu hijo con sobrepeso.

- Habla con una maestra o un consejero de la escuela sobre tu hijo con sobrepeso.

¿Cuándo debo buscar ayuda?

- Si necesitas ayuda para que tu hijo baje de peso.
- Si crees que tu hijo tiene un problema de salud.
- Si tu hijo con sobrepeso se siente mal por su cuerpo.

Las alergias a los alimentos

¿De qué se trata?

Una alergia alimentaria es cuando el cuerpo reacciona a un alimento que generalmente no afecta a otras personas.

¿Lo sabías?

* No se sabe bien por qué algunas personas tienen alergias alimentarias.
* Ni los padres ni los hijos tienen la culpa de las alergias alimentarias.
* Una alergia alimentaria puede enfermar a tu hijo.
* Cuando los niños tienen una alergia alimentaria, pueden enfermarse de diferentes maneras: Pueden tener:
  * Picazón o sequedad en la piel
  * Urticaria (manchas rojizas en la piel)
  * Sarpullido
  * Malestar estomacal y vómitos
  * Diarrea
  * Congestión nasal o nariz que gotea
  * Dolor de oído
  * Dificultad para respirar
    Si tu hijo tiene dificultad para respirar, llama al médico o al 9-1-1 de inmediato.

Las alergias a los alimentos

- Algunas alergias pueden afectar mucho la salud de tu hijo. Es posible que tu hijo deba ir a un hospital de inmediato. Es posible que tu hijo deba llevar una "EpiPen". La EpiPen es una inyección de medicamento. Si tu hijo tiene una reacción mala, puede inyectarse el medicamento el solo.

- Las alergias alimentarias pueden ser causadas por diferentes alimentos:

  - Los mariscos como camarones, cangrejos y ostras

  - El pescado

  - Los cacahuates, nueces o semillas

  - La leche y productos lácteos como el queso y la mantequilla

  - Los huevos

  - Los cereales como el trigo o el maíz

  - La soya, como el tofu o la leche de soya

  - Otros alimentos

¿Qué puedo hacer?

- Dile a tu médico o enfermera si piensas que tu hijo pueda tener una alergia alimentaria.

- Haz lo que el médico o la enfermera te digan que hagas por tu hijo.

- Lee las etiquetas de los alimentos. Muchas veces dirán si el alimento tiene algo que tu hijo no debe comer.

- Aprende todo lo que puedas sobre los diferentes productos que pueden contener el alimento al que es alérgico tu hijo.

- Habla con tu hijo acerca de su alergia alimentaria y cómo examinar los alimentos antes de comerlos.

- Ayuda a tu hijo a elegir alimentos para mantenerse saludable.

¿Cuándo debo llamar al médico o a la enfermera?

- Si un alimento enferma a tu hijo.

- Si crees que tu hijo pueda tener una alergia alimentaria.

- Si tu hijo tiene una alergia y necesitas saber más sobre ella.

La anorexia y la bulimia

¿De qué se trata?

Se trata de una forma poco saludable de comer que un niño no puede evitar. Los niños que tratan de bajar de peso haciendo estas cosas pueden tener un trastorno alimentario.

¿Lo sabías?

- Hay 2 clases de trastornos alimentarios:
  - Comer muy poco y adelgazar demasiado. A esto se le llama anorexia.
  - Comer mucho y después tratar de deshacerse de la comida vomitando o tomando laxantes. Un laxante es un medicamento que puedes comprar en la farmacia que te hace defecar. A esto se le llama bulimia.
- La mayoría de las personas que tienen problemas alimentarios son niñas. Las niñas de tan sólo 9 ó 10 años pueden tener trastornos alimentarios.
- Algunas personas que tienen sobrepeso cuando son niños, se hacen anoréxicas cuando son adolescentes.
- La mayoría de las personas que tienen problemas alimentarios necesitan la ayuda de una persona que sepa cómo tratar el trastorno. Sin ayuda, la persona puede morir.

- Sólo un médico puede decir si tu hijo tiene un trastorno alimentario.

- Las personas con trastornos alimentarios a menudo tienen pocos amigos. Estas pasan mucho tiempo solas. Se preocupan por la comida y por su aspecto.

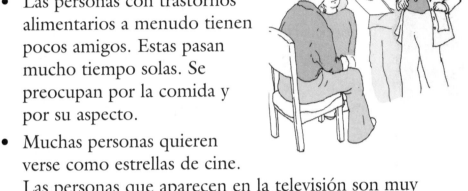

- Muchas personas quieren verse como estrellas de cine. Las personas que aparecen en la televisión son muy delgadas. Si los niños ven a estas personas como modelos a imitar, pueden querer lucir como ellas. Tratarán de adelgazar mucho.

Si tu hijo come muy poco (anorexia):

- La anorexia es una enfermedad muy mala. Comienza como una dieta para bajar unas libras. Una vez que baja de peso, tu hijo no puede dejar de hacer dieta.

- La anorexia generalmente comienza cuando la persona es joven. Puede continuar durante muchos años.

- Los niños con este problema comen muy poco. Pasan hambre para ser flacos. Hacen mucho ejercicio para adelgazar más.

- Los niños con este problema se ven muy enfermos. Éstas son algunas señales:

  - Están muy flacos, "piel y huesos"

- Tienen la piel seca y el cabello delgado
- Las niñas dejan de menstruar
- Sienten frío todo el tiempo
- Tienen el pulso irregular
- Se les empiezan a caer los dientes
- Les crece vello fino en los brazos, la espalda y la cara
- Están débiles y deprimidos
- Se ven enfermos

- Tu hijo flaco cree que está gordo. Tu hijo flaco tiene miedo de subir de peso.

- Los niños con anorexia pierden las curvas del cuerpo. Parecen niños pequeños otra vez.

- La autoestima de los niños con trastornos alimentarios está ligada a su delgadez. Lo único que les importa es estar flacos.

- Las personas con anorexia no dirán que tienen un problema.

Si tu hijo come grandes cantidades de comida y vomita o toma laxantes después de comer (bulimia):

- La bulimia generalmente comienza al final de la adolescencia.

- Los niños con este problema comen mucho en poco tiempo. A esto se le llama "atracones". Lo hacen solos o con amigos.

- Los atracones generalmente ocurren cuando los niños sienten estrés. También lo hacen cuando se sienten solos o están enojados.

- Comen comida "chatarra" con muchas calorías como helado, galletas y golosinas.

- Después del atracón sienten culpa. Se provocan el vómito después de comer. Lo hacen para no engordar.

- Muchos niños toman laxantes para expulsar la comida del cuerpo.

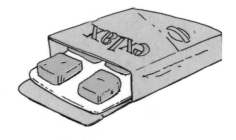

- Puede ser difícil darse cuenta de que un niño tiene bulimia. Generalmente el peso del niño sigue igual. Éstos son algunas señales para tener en cuenta:

  - Va al baño inmediatamente después de las comidas

  - Faltan grandes cantidades de comida de la casa

  - Tiene caries por los vómitos frecuentes

  - Tiene la cara hinchada cerca de las orejas

  - Tiene lastimaduras y la piel seca en las manos y los dedos

  - Tiene cambios en el estado de ánimo o se siente deprimido

  - Tiene pulso irregular

  - Tiene calambres musculares

  - Tiene ardor en el pecho

  - Se siente cansado

- Los niños con bulimia saben que tienen un problema, y tratan de guardar el secreto.

- La bulimia es un problema grave. Un niño con bulimia puede morir si no recibe ayuda.

¿Qué puedo hacer?

- Haz ejercicio y come de forma saludable. No hagas demasiado ejercicio. Consigue un libro para aprender a hacer ejercicio de forma saludable. Enséñale a tu hijo a comer y a hacer ejercicio de forma saludable.

- Habla con tu hijo acerca de ponerse en forma y estar saludable. No hables sobre adelgazar. No hables sobre empezar una dieta. Habla sobre comer bien, hacer ejercicio y llevar una vida saludable.

- No hables sobre estar bonito y flaco. Todos somos bonitos a nuestro modo.

- Nunca hables mal sobre un niño con sobrepeso. Los niños no deben sentirse mal ni tener vergüenza por su peso.

- Sirve alimentos saludables en las cantidades adecuadas. Los niños necesitan comer tres comidas y dos meriendas al día.

- Los niños necesitan comer todos los días de cada uno de los grupos de alimentos:
  - Pan, cereal, arroz y pasta integrales
  - Verduras
  - Frutas
  - Carne de res, carne de ave, pescado, huevos y nueces
  - Leche, yogur y queso
  - Un poco de las grasas buenas, aceite y dulces
- Dales a tus hijos alimentos ricos en hierro. Los alimentos ricos en hierro son saludables y necesarios para el crecimiento de los huesos. Algunos alimentos ricos en hierro son:
  - Carnes sin grasa
  - Espinaca
  - Pasas de uva
  - Legumbres
  - Cereales integrales
  - Pan enriquecido con hierro
- La mayoría de las personas no necesita tomar pastillas de hierro. Una alimentación saludable te aportará el hierro suficiente.
- Trata de comer en familia.
- Enséñales a tus hijos hábitos de alimentación saludables. No hagas estas cosas:
  - No obligues a tus hijos a comer toda la comida del plato. Tu hijo debe dejar de comer cuando se sienta lleno.

- No uses la comida como recompensa. No le des pastel ni caramelos porque le fue bien en un examen.

- No uses la comida para hacer que tu hijo se sienta mejor. Si tu hijo está triste, habla con él. El comer no le ayudará.

- No uses la comida para castigar a tu hijo.

- Presta atención a tu hijo para detectar señales de un problema alimentario.

- No hables sobre dietas en presencia de tu hijo.

- Fíjate si tu hijo se va al baño después de las comidas.

- Lleva a tu hijo al médico si estás preocupado. Confía en tu instinto. Si tu hijo te dice que está bien, no le creas si te parece que no lo está.

¿Cuándo debo buscar ayuda?

- Si tu hijo bajó mucho de peso.

- Si tu hijo rechaza muchas comidas.

- Si tu hijo siempre está haciendo dieta y tiene miedo de subir de peso.

- Si tu hijo hace demasiado ejercicio.

- Si tu hijo luce enfermo.

- Si tu hijo tiene algunas señales de un problema alimentario.

- Si tu hijo está flaco pero dice "estoy gordo".

- Si tu hijo siempre toma laxantes para ir al baño.

Las pastillas para adelgazar

¿De qué se trata?

Las pastillas para adelgazar son medicamentos que ayudan a bajar de peso. Estas pastillas se pueden usar para que un niño no tenga hambre, para que orine más o defeque más.

¿Lo sabías?

- A los niños generalmente no les dan pastillas ni medicamentos.

- Llevar un estilo de vida saludable es la mejor forma de ayudar a tu hijo a mantener un peso saludable.

- Nadie sabe lo que las pastillas para adelgazar pueden hacerle al cuerpo de tu hijo después de un tiempo prolongado. Nadie sabe cuánto tiempo hay que usar las pastillas para adelgazar para bajar de peso.

- Las pastillas para adelgazar causan muchos efectos secundarios, como problemas estomacales.

- Hay muchos anuncios publicitarios en la televisión sobre cómo bajar de peso con pastillas para adelgazar que se venden en la farmacia. A estos se les llama medicamentos sin receta. Puedes comprarlos sin que el médico te haga una receta. Los niños más grandes y los adolescentes podrían comprar estos medicamentos sin decírselo a sus padres.

- Los niños más grandes y los adolescentes podrían conseguir estos medicamentos en la casa de un amigo y no decírselo a sus padres.

¿Qué puedo hacer?

- Enséñale a tu hijo sobre los estilos de vida saludables. Enséñale a tu hijo a comer de forma saludable y a hacer ejercicio.

- No le debes dar medicamentos a tu hijo a menos que un médico te lo diga. Casi siempre los médicos tratan de ayudar a los niños a cambiar sus estilos de vida.

- Cuéntales a tus hijos más grandes las cosas malas que pueden ocurrirles si toman pastillas para adelgazar que se venden en las farmacias. Diles que les podrían pasar estas cosas:

  - Palpitación del corazón acelerada

  - Sensación de desmayo

  - Alteración del equilibrio de minerales en el cuerpo

  - Sentirse enfermos

- Habla con tus hijos sobre sus vidas diarias.

- Fíjate si detectas señales de que tu hijo toma pastillas para adelgazar.

  - Fíjate si tus hijos bajan mucho de peso sin hacer cambios en lo que comen.

  - ¿Va tu hijo muy seguido al baño?

  - Pregúntale si está tomando pastillas para bajar de peso.

- Piensa en cómo puedes ayudar a que tu hijo tenga un estilo de vida saludable. Habla sobre elegir los alimentos y hacer más ejercicio. Haz las cosas que dice este libro.
- Ayuda a tu hijo a inscribirse en un programa para bajar de peso como el de Weight Watchers para niños. Busca un grupo de apoyo para tu hijo.

¿Cuándo debo buscar ayuda?

- Si tu hijo está tomando pastillas para bajar de peso.
- Si tu hijo tiene sobrepeso y no hace cambios en lo que come.
- Si crees que tu hijo está tomando medicamentos sin receta y no te lo dice.
- Si tu hijo no puede dejar de tomar medicamentos sin receta. A esto se le llama adicción, y es necesario que un médico ayude a tu hijo.
- Si tu hijo no quiere dejar de tomar pastillas para adelgazar.

La diabetes

¿De qué se trata?

Cuando una persona tiene demasiada azúcar en la sangre se dice que tiene una enfermedad llamada diabetes. Un análisis de sangre indicará que el nivel de azúcar es demasiado alto. Cuando hay demasiada azúcar en la sangre, el azúcar pasa a la orina y un análisis de orina también indica que hay azúcar. El cuerpo produce insulina. La insulina ayuda al cuerpo a usar la comida.

Hay 2 tipos de diabetes:
- Diabetes tipo 1
- Diabetes tipo 2

La diabetes tipo 1 es cuando el cuerpo deja de producir insulina. Los niños que tienen diabetes tipo 1 se deben hacer un análisis de sangre e inyectarse insulina todos los días. Un médico debe tratar a estos niños.

La diabetes tipo 2 es cuando el cuerpo sigue produciendo insulina pero no toda la que necesita. Las personas que tienen diabetes tipo 2 deben controlar lo que comen. Es posible que tengan que bajar de peso. Es posible que tengan que tomar medicamentos por la boca. En la diabetes tipo 2, no siempre es necesario recibir insulina. Un médico debe tratar a los niños que tienen diabetes tipo 2.

La diabetes

¿Lo sabías?

- Los padres pueden sentirse mal por un niño que tiene diabetes.

- Pueden sentir que han hecho algo mal.

- Algunos padres niegan que su hijo tenga diabetes. No los llevan al médico. Estos sentimientos son normales, pero si tu hijo está enfermo, debes ayudarlo.

- Los médicos pueden tratar la diabetes, pero esta no tiene cura.

- Es importante que tu hijo sea tratado. Esto ayudará a que tu hijo que tiene diabetes se mantenga saludable.

- La diabetes en niños con sobrepeso es muy común.

- Todos los niños con sobrepeso deberían hacerse análisis para saber si tienen diabetes. Estos análisis de sangre se hacen cuando tu hijo no ha comido durante 6 horas antes del análisis. Se le llama análisis de azúcar en sangre en ayunas.

- Si los niños con sobrepeso bajan de peso, la diabetes tipo 2 puede desaparecer.

- La diabetes tipo 2 puede pasar desapercibida porque, al principio, es posible que el niño no presente ninguna señal.

- Los efectos malos de la diabetes tipo 2 pueden aparecer después de mucho tiempo.

- Cuando un niño crece, la diabetes tipo 2 causa problemas de salud que afectan al corazón, los nervios, el hígado, los riñones, los ojos, los pies y la piel.

- Cuando un niño tiene diabetes tipo 2, puedes notar algunas de estas cosas:

    - El niño puede tener mucha sed y beber mucho.

    - El niño puede orinar más.

    - El niño tiene más hambre y puede parecer que quiere comer todo el tiempo.

    - Es posible que aunque coma mucho, baje de peso.

    - El niño puede estar muy cansado.

    - Puede estar de mal humor.

    - Puede tener algunos problemas de la vista. A esto se le llama visión borrosa.

    - Puede tener heridas que tardan mucho en curarse. Algunas lastimaduras pueden no cicatrizar bien.

    - El niño puede tener muchas infecciones.

    - Puede tener partes más oscuras alrededor de los pliegues de la piel. Busca esto alrededor del cuello o en las axilas.

- Es difícil cuidar a un niño que tiene diabetes. Lleva mucho tiempo y energía ayudar a tu hijo a tratar la diabetes.

- Cuando un niño tiene diabetes, toda la familia se ve afectada. Esto incluye a los padres, abuelos, hermanos y hermanas, y otros integrantes de la familia. Todos deben saber sobre la diabetes y cómo tratarla. La familia puede ayudar a un niño a seguir el plan para tratar la diabetes.

- Hay ciertas cosas que afectan la diabetes de tu hijo, como los resfríos o la gripe. Si tu hijo se enferma, asegúrate de controlar de cerca la diabetes de tu hijo.

La diabetes

¿Qué puedo hacer?

- Aprende todo lo que puedas sobre la diabetes. Lee libros y habla con tu médico y enfermera sobre la diabetes. Escucha a las personas que saben sobre esta enfermedad.

- Mantener a tu hijo saludable y prevenir la diabetes es lo mejor que un padre puede hacer. Algunas medidas de prevención son:

  - Servir alimentos saludables.

  - Mantener el peso de tu hijo dentro de un rango normal.

  - Ayudar a tu hijo a hacer más actividad física. Ayudar a tu hijo a empezar un deporte, danza u otro ejercicio.

  - Asegurarte de que tu hijo no pase demasiado tiempo mirando la televisión, jugando videojuegos o usando la computadora todo el día.

- Pide que le hagan a tu hijo un análisis para detectar la diabetes tipo 2 si:

  - Tu hijo tiene sobrepeso

  - Un familiar tiene diabetes

  - Eres afroamericano, hispano, nativo americano o asiático americano. Estos grupos son más propensos a tener diabetes.

  - Tu hijo tiene alguno de los signos de diabetes

- El tratamiento de la diabetes tipo 2 incluye:

  - Análisis de azúcar en la sangre.

  - Es posible que debas controlar la sangre de tu hijo de 3 a 4 veces al día.

- Esto se puede hacer con pinchazos en un dedo. Esto es principalmente para los niños que tienen que tomar insulina pero puede ser para los que toman medicamentos. Aprenderás a hacerlo en el consultorio de tu médico.

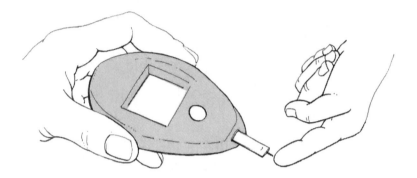

- Ten un papel para anotar los resultados de los análisis de sangre de tu hijo. Esto ayudará a tu médico a saber cómo anda tu hijo.

- Come bien. Mantén a tu hijo en una dieta saludable que le ayude a bajar de peso. Reduce la cantidad de azúcar y los alimentos con mucha azúcar que coma tu hijo.

- Aumenta la actividad de tu hijo. Ayuda a tu hijo a comenzar alguna actividad física o deporte.

- Es posible que le den medicamentos a tu hijo. Por ejemplo, insulina, en inyecciones o pastillas para tomar por la boca. Tu médico te dirá lo que tu hijo necesita.

- Muchos niños tienen diabetes. Participa junto a tu hijo en un grupo de apoyo. Así podrá estar con otros niños que tienen diabetes y podrán hablar de sus problemas comunes.

- Dile a la niñera, guardería y preescolar y a la escuela que tu hijo tiene diabetes. Explícales el plan de tratamiento para que puedan ayudar a tu hijo.

- Enséñale a tu hijo sobre la diabetes y qué hacer para tratarla. Deja que tu hijo elija los alimentos. Dale a tu hijo opciones saludables.

- Habla con tu hijo para saber cómo se siente con el hecho de tener diabetes.

- No te enojes si tu hijo se sale de la dieta o no hace tanta actividad como debería. Habla con tu hijo y explícale por qué es importante seguir el tratamiento.

¿Cuándo debo buscar ayuda?

- Si crees que tu hijo pueda tener diabetes. Consulta con tu médico o enfermera. Diles por qué crees que tu hijo pueda tener diabetes. Pide que le hagan un análisis a tu hijo.

- Si tu hijo no sigue su dieta. Consulta con tu médico o enfermera, o con un nutricionista. Tu médico puede decirte que veas a un consejero si tu hijo no sigue el plan de tratamiento.

- Si crees que la diabetes de tu hijo está empeorando. Consulta con tu médico o enfermera.

- Si te cuesta ayudar a tu hijo. Tu médico o enfermera podrán decirte qué cosas podrían ayudarte.

- Si quieres encontrar un grupo de apoyo. Puedes hacerte miembro de un grupo de apoyo de padres de niños que tienen diabetes. Tu médico o enfermera pueden ayudarte a encontrar estos grupos.

Lista de palabras

A

- **adicción**—Cuando una persona no puede dejar de hacer algo que no es bueno para su salud.

- **afectar**—Lo algo le hace a una persona.

- **alergia alimentaria**—Enfermarse por comer una tipo de alimento.

- **anorexia**—Una enfermedad en que la persona come muy poco y está demasiado flaca.

- **apoyo**—Hacer cosas para ayudar a un niño a estar saludable.

- **atracón**—Comer cantidades extra grandes de comida en muy poco tiempo.

- **autoestima**—El orgullo que siente un niño. Cómo se ven. Sentimientos buenos o malos sobre uno mismo.

B

- **bocadillo**—Una pequeña cantidad de comida. Se come entre las comidas.

- **bulimia**—Comer y después tratar de eliminar la comida del cuerpo. La persona puede vomitar o tomar laxantes.

- **burlarse**—Reírse de un niño poniéndole apodos ofensivos que lo hacen sentir mal.

C

- **caloría**—Un número para medir la cantidad de alimentos que uno come.

- **cereal integral**—Una semilla o grano que no está partido y tiene cáscara. Es una parte importante de una dieta saludable.

- **comida rápida**—Comida que está lista para comer cuando la compras. Puedes comprar comida rápida sin bajarte del auto. También puedes entrar y sentarte. Pides la comida en el mostrador.

- **consejero**—Una persona que puede ayudar a solucionar problemas.

- **control para padres**—Les permite a los padres elegir lo que un niño puede mirar en la televisión o hacer en la computadora.

D

- **depresión**—Cuando una persona está triste o infeliz todo el tiempo.

- **descremado o sin grasa**—Un alimento que no tiene grasa.

- **diabetes**—Enfermedad cuando hay demasiada azúcar en la sangre.

- **dieta**—Alimentos que comemos en las comidas.

E

- **efecto secundario**—Lo que un medicamento le hace al cuerpo y no es para lo que lo estás tomando.

- **ejercicio**—Hacer cosas que te hagan mover y mejorar tu salud.

- **emoción**—Sentimiento fuerte.

- **energía**—Lo que nos dan los alimentos que comemos. Las personas necesitan energía para vivir.

- **estilo de vida**—Cómo vives y lo que haces todos los días.

F

- **fibra**—Partes de las frutas, las verduras y los cereales que el cuerpo no usa.

- **florudo**—Un mineral que fortalece los dientes y previene las caries.

G

- **genérico**—Alimento que contiene los mismos ingredientes pero no está hecho por una marca de nombre conocido.

H

- **hummus**—Una salsa hecha con puré de garbanzos.

I

- **IMC**—Índice de masa corporal, un número que indica si tu peso es normal.

- **importante**—Que está por sobre todas las cosas.

- **Información nutricional**—Una etiqueta que tienen los alimentos donde dice los nutrientes que hay en el alimento.

Lista de palabras

L

- **laxante**—Medicamento que se toma para defecar (ir de cuerpo).

M

- **mineral**—Sustancia química que se encuentra en los alimentos y que el cuerpo necesita.
- **modelo a imitar**—Persona que muestra un buen comportamiento que otros copian.

N

- **no saludable**—Cualquier cosa que dañe el cuerpo.
- **nutrición**—La suma de todas las cosas que se encuentran en los alimentos y que el cuerpo usa.
- **nutricionista**—Una persona que estudia los alimentos y la nutrición. Ayuda a las personas con sus dietas.

O

- **obeso**—Una palabra médica que significa tener demasiada grasa corporal.
- **objetivo**—Algo que quieres hacer.

P

- **pasar hambre**—Dejar de comer.
- **Pirámide Alimenticia**—Una imagen que muestra cuánto comer de cada uno de los 6 grupos de alimentos.
- **popular**—Algo que a todos les parece que hay que hacer.

- **porción**—La cantidad de alimento que tiene las calorías, las grasas, las proteínas, la fibra y otros nutrientes que se enumeran en la etiqueta de información nutricional.

- **presión de amigos**—Amigos que tratan de que un niño haga algo. Puede ser algo bueno o malo.

- **prevención**—Medidas para impedir que ocurra algo.

- **problema**—Algo que se debe solucionar.

- **proteína**—Se encuentra en la comida. El cuerpo la usa para formar músculos y huesos.

R

- **ración**—Cantidad de una tipo de alimento que se pone en un plato.

- **recompensa**—Darle algo a una persona cuando hace algo bien.

S

- **saludable**—Algo que es bueno para tu salud.

- **semidescremado o bajo contenido de grasa**—Alimento que tiene poca grasa. Una opción saludable.

- **sin grasa**—Comida que no tiene grasa.

- **sobrepeso**—Una palabra que significa pesar demasiado.

V

- **verduras**—Verduras de hoja y hortalizas. Come mucho de éstas.

Contenido de este libro de la A a la Z

Contenido de este libro de la A a la Z

Contenido de este libro de la A a la Z

Contenido de este libro de la A a la Z

Contenido de este libro de la A a la Z

Contenido de este libro de la A a la Z

Contenido de este libro de la A a la Z

Contenido de este libro de la A a la Z

Agradecimientos

Deseamos agradecer a las siguientes personas por su colaboración con este libro:

Helen Acevez
Albert E. Barnett, M.D.
Reyna Canchola
Gina Capaldi
Blanca M. Castro
Liz Collins
Silvia Díaz
Angela Dovalina
Alberto Geddisman, M.D.,
    MMM, CPE, FAAP
Evelia Gómez
Warren Hand
Gabriela Hernández, BA
Patti Herrera
Yoly Herrera
María G. Iribarren, CN
Sharon Johnson
Rosa Ledezma
David Lee, MHA
Taina Lopez
Donna McKenzie, CFNP
Kimberly Miller, J.D.
Celia Miyamoto, M.D.
Obdulia Molina
Megan Montrone, BSN

Mai-Tram Nguyen, M.D.
Rebeca Osequera
Lynne Pantano
Barbara Price
Veronica Pulcini
Karina Quintero, BS
Gloria Ramirez-Pulcini
Pamela Ray
Ruby Raya-Morones, M.D.
Margarita Reyes
Audrey Riffenburgh, MA
Vanessa Rodriguez, BA
Nancy Rushton, RN
Duane Saikami, Pharm.D
Donna Bell Sanders, MPH
Arely Servin
Dawn Ta, MBA
Daniel Torres
Maida Valencia
Lizzeth Vazquez, MSW
Georgina Vivanco
Diane Walker-Smith
Carolyn Wendt
Viraseni Wu, NP

Otros Libros de la Serie

ISBN 978-0-9701245-1-7
$12.95

Qué Hacer Cuando Su Niño Se Enferme*

Hay mucho que puede hacer para su hijo en su casa. Finalmente, un libro que es fácil de leer y fácil de usar, escrito por dos enfermeras informadas. Este libro le dirá:

- Qué observar cuando su hijo se enferme
- Cuando llamar al doctor
- Como tomarle la temperatura
- Qué hacer cuando a su hijo le da la gripe
- Como curar cortadas y raspaduras
- Qué comidas prepararle a su hijo cuando se enferma
- Como parar infecciones
- Como prevenir accidentes en la casa
- Qué hacer en casos de emergencia

ISBN 978-0-9701245-3-1
$12.95

Qué Hacer Para La Salud de los Adolescentes

Los años de la adolescencia son duros para los padres y para los adolescentes. Hay muchas cosas que usted puede hacer para ayudar a su adolescente. Al fin, un libro fácil de leer y fácil de usar escrito por dos enfermeras. Este libro le explica sobre:

- Los cambios en el cuerpo de los adolescentes.
- Cómo prepararse para los años de la adolescencia.
- Cómo hablar con su adolescente.
- Cómo acercarse a su adolescente.
- Cómo ayudar a su adolescente en sus tareas escolares.
- El noviazgo y las relaciones sexuales.
- Cómo mantener a su adolescente sano y salvo.
- Los síntomas de los problemas y dónde obtener ayuda.

También se encuentra disponible en inglés.
*También se encuentra disponible en vietnamita, chino y coreano.
Para ordenarlo, llame al (800) 434-4633.

Otros Libros de la Serie

ISBN 978-0-9701245-7-9
$12.95

Qué Hacer Cuando Vas A Tener un Bebé

Hay muchas cosas que una mujer puede hacer para tener un bebé saludable. Este es un libro fácil de leer y fácil de usar escrito por dos enfermeras que te explica:

- Cómo prepararte para el embarazo.
- La atención médica necesaria durante el embarazo.
- Cosas que no debes hacer estando embarazada.
- Cómo debes cuidarte para tener un bebé saludable.
- Los cambios físicos de cada mes.
- Cosas simples que puedes hacer para sentirte mejor.
- Señales de peligro y que hacer al respecto.
- Todo sobre el parto.
- Cómo alimentar y cuidar a tu nuevo bebé.

ISBN 978-0-9701245-5-5
$12.95

Qué Hacer Para la Salud de las Personas Mayores*

Hay muchas cosas que usted puede hacer para encargarse de su propia salud durante los años de su vejez. Este libro le explica:

- Los cambios del cuerpo cuando uno envejece.
- Los problemas de salud comunes de los mayores.
- Cosas que uno debe saber sobre los seguros de salud.
- Cómo conseguir un médico y obtener atención médica.
- Cómo comprar y tomar los medicamentos.
- Qué hacer para prevenir las caídas y los accidentes.
- Cómo mantenerse saludable.

También se encuentra disponible en inglés.
*También se encuentra disponible en vietnamita.
Para ordenarlo, llame al (800) 434-4633.

Otros Libros de la Serie

ISBN 978-0-9720148-1-6
$12.95

Qué Hacer Para Tener Dientes Sanos

Es importante el cuidar de sus dientes desde una edad temprana. Este libro le dice cómo hacerlo. También le explica todo sobre los dientes, las encías, y sobre cómo los dentistas trabajan con usted para mantener su dentadura saludable.

- Lo que usted necesita para cuidar sus dientes y sus encías.
- Cómo cuidar sus dientes cuando va a tener un bebé.
- Cómo cuidar los dientes de sus niños.
- Cuándo hay que llamar al dentista.
- El cuidado dental de las personas mayores.
- Qué hacer si se lastima la boca o los dientes.

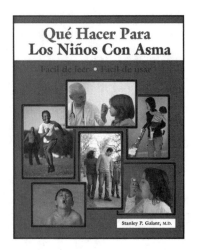

ISBN 978-0-9720148-7-8
$12.95

Qué Hacer Para Los Niños Con Asma

Tener un hijo con asma puede asustar. Este libro fácil de leer y de usar le informa qué puede hacer para ayudar a su hijo a tratar el asma:

- Cómo saber si su hijo necesita ayuda de inmediato.
- Señales de que su hijo tiene asma.
- Desencadenantes de un ataque de asma.
- Cómo elaborar un Plan de acción contra el asma.
- Cómo utilizar un medidor de flujo de aire máximo.
- Los diferentes tipos de medicamentos para el asma.
- Cómo asegurarse de que su hijo hace suficiente ejercicio.
- Cómo ayudar a su hijo a tomar sus medicamentos para el asma de inmediato.

También se encuentra disponible en inglés.
Para ordenarlo, llame al (800) 434-4633.